少数民族节日

【中国民俗文化丛书】

刘魁立 张旭 主编
季诚迁 编著

中国社会出版社

序

中国民俗学会理事长　　刘魁立

人生活于文化之中，正像人离不开空气一样。《周易》说："观乎天文，以察时变；观乎人文，以化成天下。"无论汉语"文化"一词是否由此而来，这段话至少说明，我们的祖先向来对文化的重要性有十分清楚和极其深刻的理解。文化确乎是人之所以成为人、人类之所以成为人类的根本标志。人创造了文化，文化也创造了人，从这个意义上也可以说，人是文化的动物。

从文化本身来说，相当长一段历史时期的传统文化可以粗略地、也是相对地划分为两大分流，即所谓上层文化（或称高层文化、雅文化、精致文化……）和下层文化（或称基层文化、底层文化、低层文化、民间文化）。

民间文化是人民群众创造的最古老的文化，因为它的根源可以追溯到人类发展的初始阶段；民间文化同时也是最年轻的文化，因为它仍然活生生地存在于人民的日常生活和口碑之中。民间文化还是整个社会文化的基础，并且具有极强的生命力。上层文化往往是对民间文化选择、改造和精致化的结果。

民间文学、民间艺术是民间文化中最富色彩的一个组成部分。它在人类创造的一切艺术中，生命最活跃，涉及最广泛。它以古朴纯真的艺术手段，反映着人民群众的现实生活、理想和追求。它的无数珍品，是当之无愧的美的典范。没有了它，人类将失去多少童真的回忆；没有了它，人类的爱祖国、爱家乡将会缺少多少实际可感的具体内容；没有了它，人类的欢乐、悲伤也将变得干枯而平淡；没有了它，人类将会失掉多少生活的甘美和幽默……

万家社区图书室援建和万家社区读书活动，是建设社会主义文化和建设社会主义新农村的一项战略举措。我们，作为受到农民兄弟哺育和培养的知识界、文化界，有义务用学来的知识回报衣我食我的父老乡亲，这不仅是我们的社会责任，也是我们的荣耀。

中国民俗学会在这项重要活动中，承担有关中国民间传统文化的约50种图书的撰写工作，我们组织了学养很高的，包括大批教授、研究员在内的专家队伍，来完成此项写作任务。他们在相关领域里，学有所长，业有专攻，所有作者都以光荣志愿者的精神，以科学严谨的态度，用生动活泼的文字，把相关的准确而丰富的知识，呈献给农民兄弟和城镇社区的读者。完成这项具有重要意义的写作编书任务，是我们人生当中一件值得骄傲、值得自豪的事情。

中国民间文化是世世代代锤炼和传承的传统文化，其中凝聚着民族的性格、民族的精神、民族的真善美，是中华民族彼此认同的标志，是祖国同胞沟通情感的纽带。历史悠久、内涵丰富的传统文化也是我们中华民族对人类文化多样性发展的巨大贡献。急剧变化的时代在淘洗着传统的民间文化。在当今时代，我们尤其有必要对我们丰富淳厚、历史悠远的民俗传统立此存照，将其中的优秀部分及其真谛展示给广大民众，使他们对中华大地、对祖国同胞、对优秀的文化传统和淳厚的民俗民风怀有更深刻的眷恋、热爱和崇敬。继承和发扬中华民族创造的非常丰富而优秀的非物质文化遗产和民族精神，是我们的幸事，也是我们的历史责任。

我希望在大家的共同努力下，民间文化之花越开越鲜艳，为我们祖国、为我们中华民族赢得一个永恒的春天。

目录

【第三章　西南地区少数民族节日（一）】 〇三九

目录

少数民族节日

第一章

内蒙古及东北地区少数民族节日

在内蒙古及东北地区，世世代代繁衍着除汉族以外的八个少数民族。从黄土高原到内蒙古高原，直到东北的呼伦贝尔大草原，这是蒙古族人成长的摇篮；鄂伦春族和鄂温克族则主要居住在大小兴安岭地区；而满族、锡伯族和达斡尔族是以白山黑水为发祥地的；在东北的黑龙江、松花江和乌苏里江的“三江平原”上，又聚集着以渔业为生的赫哲族。在海兰江畔，生活着经营稻作文化的朝鲜族。各个民族在长期的特殊生产和生活中，既创造了共同的节庆文化与节日体验，也由于不同族源、不同历史、不同信仰，形成了各不相同的节日文化，而那些独具风情的仪式、歌舞与文体娱乐项目，更是不同民族千百年来集体的创造的结晶。

蒙古族的“那达慕”

在我国的北方，有着辽阔的草原，草原上牧人庆贺丰收的节日就是“那达慕”。“那达慕”蒙古语是“游戏”、“娱乐”之意，举行“那达慕”的时间多在春夏之交，从五月开始，到七八月间，草原上五畜肥壮起来，乳液丰富，是蒙古人开始扎挤马奶的时节，是酿制马奶酒的美好季节。全蒙古草原步入“乳食为主的白色季节”。蒙古人称乳食品为“白色的食物”。13 世纪或更早以前的蒙古人的历法把六月叫做“草月”，八月叫“牛奶月”；以古代蒙古人的习俗，八月为“白月”，即正月之说。直到20世纪初，布里亚特蒙古人还沿用着这一历法称谓。牧人说：“那达慕”不是每年都举行，视草的情况和牲畜的情况而定，草好畜肥的时候就举行，否则就不举行。一般一年或三年举行一次“那达慕”。

秋日的草原吸引了无数草原儿女，草原上搭起了无数的帐幕。牧人从四面八方奔向草原——就像奔向母亲的怀抱。旧时，“那达慕”大会期间要进行大规模的祭祀活动，喇嘛们要焚香灯，念经诵佛，祈求神灵保佑，祝福草原牛肥马壮，人畜两旺，消灾灭难。牧人的“那达慕”往往与祭祀敖包一起进行。

通常在祭祀敖包之后举行“那达慕”。人们在“那达慕”前冠以“耐亦日”，“耐亦日”为聚会的意思。作为“那达慕”一词的定语，却界定了当时“那达慕”活动的场合和目的，即只有在举行“耐亦日”——喜庆盛会的场合才有“那达慕”，不是平时随意举行的活动。它的目的是为喜庆活动助兴。“那达慕”是牧人男子展示雄姿的时刻。主要表演男子的三项竞技运动——骑马、摔跤、射箭。

赛马是衡量一个蒙古男子有无本领的重要标志，是一项最能够表现蒙古族男子勇气和智慧的项目。赛马比赛可以追溯到匈奴时代，当时的赛马少则数百骑，多则千骑，人们策马驰骋，场面如海涛般奔涌。在明代的文献里也记载有大规模的围猎的场景，声势浩大的围猎就是锻炼弓、马及射击的表演场。从元代开始被列为男儿三技之一。

按照游牧民族的习俗，弓箭是男子必带之物，也是珍贵的馈赠物。游牧民族男子不仅个个能骑善射，女子也擅长骑射。参加射箭比赛的不分男女老幼，弓箭的样式、弓的拉力以及箭的长度和重量及射程都因民族、区域、人而定。射箭比赛可分为立射、步射和骑射。立射，即站立射靶。步呈八字，重力在下，弓的弹力与人的弹力相和谐，故能射中。步射即边走边射。骑射，即跑马射箭，游牧民族多直乘鞍上，无拱背坐马之势，在疾驰如飞时，左顾右射。

游牧民族离不开强弓利箭，其射箭比赛用的是牛角弓、皮筋弦、木制箭、铁箭头，箭靶有用毡牌靶，也有用兽皮制作的，游牧民族的箭袋以牛皮制作。射箭的场面非常壮观，英姿飒爽的射箭手都穿上节日的盛装，在马上纵横驰骋，宛若鱼游于水，没有高超的骑马本领，很能在马上左弓右射。射手要在颠簸的马背上纳弓、抽箭、搭箭、发箭，箭支一定要在规定的跑道上射完，如果没有射完，那是很不光彩的。

与骑马射箭相媲美的游戏是摔跤，摔跤不仅是力量的角逐，也是智慧和技巧的角逐。一般摔跤参加者的年龄、体重没有严格的区别，摔时也没有一定的程式，比赛开始，两人互抓对方的腰带拱身对顶，尽力拼搏。蒙古族的摔跤有其特点：第一，参加比赛的摔跤手人数必须是2的乘方数，如8、16、32、64、128、256、512等。第二，比赛胜负采取单淘汰法。第三，蒙古族摔跤的最大特点是不许抱腿。其规则还有不准打脸；不准突然从后背把人拉倒，不准触及对方的眼睛和耳朵；不许扯头发、踢肚子或膝部以上的任何部位。

摔跤的场面宏阔、壮观。会场中画一圆圈，中铺沙土为摔跤的场所，分为东西两组。在各组中，或先由两人入场，手舞足蹈，意思是像雄狮一样勇敢。开始争斗，以压倒征服对手为胜。或东西相同之数组，同时入场争斗，其被压倒者由胜者扶起，表示敬意与歉意。两组各备善歌舞者数人。每当摔跤进行到最为激烈的时候，祝赞人的祝赞词更加嘹亮，嘹亮的祝赞词是激发摔跤手的最后的勇气和信心。无论是否得奖，身心都得到极大的欢愉。

在欢快的赛场上，还进行“赛布鲁”、套马、赛骆驼等体育活动。当激烈的比赛之后，马头琴响起的时候，牧人纵情歌舞，意犹未尽。在“那达慕”大会上，牧人还要进行大规模的商品交易活动。

蒙古族的“那达慕”已被列入国家首批非物质文化遗产保护目录。

蒙古族的“马奶节”和祭敖包

蒙古族的草原节日活动都是随季节而进行的。当春季来临时，万物复苏，原野披绿，五畜繁殖，此时草原上要举行祈求五畜兴旺的祭祀活动；当奶食季节开始和结束时，草原上要举行“马奶节”和“禁奶祭”；给牲畜打戳子、剪羊毛，打鬃、擀毡时还要举行庆贺集体劳动成果的庆祝宴会。

内蒙古自治区锡林郭勒盟部分地区的蒙古族牧民过的一个节日叫“马奶节”，每年八月底举行，为期一天。这是人们为祝健康、幸福、吉祥而过的盛大节日。

节日期间，人们主要食用奶制品，如奶干、奶酪、奶豆腐等，并要宰羊宰牛，炸果子，煮手抓肉。节日前一天，把奶桶挤满，发酵，酿成奶酪，一大早牧民们或骑马或坐“勒勒车”赶往会场。当太阳升起时，该节日的主要活动项目——赛马便开始了。参赛的全是刚年满两岁的小马，它们象征着草原的兴旺、发达，也唤起人们对马奶哺育的感激和敬意。赛马场上，人欢马叫，气氛热烈。骑马技术高超的小伙子，头扎彩绸，腰系五颜六色的彩带，随着发令枪响，他们催马向前，人们为之呐喊助威，取胜者将得到物质奖励。而后有摔跤、拔河、投掷，以及唱歌跳舞等文体活动。

在举行“马奶节”的庆祝会场，正面坐的是长者，建设草原的英雄模范和旗、乡干部及应邀而来的尊贵客人，左右两边是男女牧民、儿童等，过路人也可参加。会上村长向众人敬酒干杯，向受人尊敬的蒙医献礼。有的朗诵为“马奶节”写的诗，有的拉起扎彩绸的马头琴，载歌载舞，节日从早到晚持续整整一天。

祭敖包是蒙古族的传统习俗，是草原民族崇尚自然思想的表现形式之一。锡林郭勒盟是祭敖包习俗保存较为完整的地区。蒙古族崇尚的“敖包”，也叫“脑包”、“鄂博”，意为“堆子”，以石块堆积而成，一般都建在山顶或丘陵之上，形状多为圆锥形，高低不等。

古代敖包的建立和祭祀比较简单，由祭师宣布，选择某一座山或丘陵作为敖包的所在地。人们在这个地方用土或石头建成堆子，举行若干仪式后就建成了敖包。以后附近的居民每年都要到这里祭拜，祈祷人畜兴旺。藏传佛教传入蒙古族聚集区后，祭敖包的形式发生了一些变化，但牧民对敖包的参拜祭典始终不变。

祭敖包的仪式通常在每年农历五月至七月间举行。有的一个旗、一个苏木独祭，也有的几个苏木、几个旗联合祭祀。祭敖包从日出之前开始，仪式隆重、严肃。所有参加者都要围绕敖包沿顺时针方向转三圈，边转边向敖包滴洒鲜奶和酒，然后在敖包正前方叩拜，将带来的石头添加在敖包上，并用柳条、哈达、彩旗等将敖包装饰一新。祭敖包仪式结束后，便要举行“那达慕”活动，牧民们无拘无束，自由欢乐地参加摔跤、赛马、射箭等传统体育活动，引吭高歌，翩翩起舞，并聚在一起举杯畅饮。

祭敖包

在内蒙古地区，呼伦贝尔盟的鄂温克族也有类似信仰，每个氏族都有敖包，还有全族共同行祭的敖包，也有鄂温克族的敖包会节日。

鄂温克族的敖包会每年一次，一般在农历四月、六月间选择吉日举行。祭敖包时，要宰牛羊等牲畜，作为祭品。节日期间，大家要先在一起赛马，赛马多由中青年男子参加，赛马惊险的动作往往显示出高超的技艺，不断地获得四周各族群众的欢呼喝彩。赛马完毕，喇嘛们就在敖包前焚香燃灯、诵经、致祭。之后，再进行摔跤、歌舞等活动。

鄂温克族人认为，祭敖包就是祭山神、祭龙王，目的是祈祷山神、龙王保佑禳灾避难，风调雨顺，人畜两旺。

内蒙古地区的祭敖包已被列入国家首批非物质文化遗产保护名录。

满族的“颁金节”和锡伯族的“西迁节”

在许多民族的历史长河中，总能留下一些对本民族产生重大影响的事件，进而成为该民族群体最为难忘的记忆。在东北，满族的“颁金节”与锡伯族的“西迁节”就是由该民族无法忘却的历史时刻演变而成的纪念性的节日。

“颁金节”是满族的节日，满语即“颁金扎兰”，“颁金”满语意为“诞生”，“扎兰”意为“喜庆之日”。明朝崇祯八年（1635 年）十月三日，后金汗王努尔哈赤的儿子爱新觉罗·皇太极废除“女真”（又译为诸申）的旧称，正式宣布将族名定为“满洲”。从此，“满洲”作为正式的民族称谓被固定下来并统一使用。在此之前，无论是自称还是他称，皆通行为“女真（诸申）”。“满洲”（满语意为“吉祥”）名称的出现，标志着一个古老民族具有了新的发展契机。事实上也是如此。未久，满族作为新民族再度（女真人曾建立中原金王朝）入主中原，建立了延续二百六十余年、幅员远比明朝辽阔的大清王朝，并确定了中国现代统一多民族国家的格局。

满族人民在每年农历十月十三这天，纷纷聚集在一起，载歌载舞庆祝自己的节日，许多满族同胞穿起旗袍等民族服装，跳起民间传统舞蹈，唱起民间歌曲，开展各种庆祝活动。同时，还准备奶茶、萨其玛、打糕、金丝糕等食品，供大家品尝。许多满族作家、书法家、画家、艺术家、摄影家为大家写诗作画，表演精湛的技艺，使庆祝活动十分热烈而有趣。1989 年 10 月，在丹东“首届满族文化学术研讨会”上，正式把每年的 12 月 3 日定为“颁金节”。

而与满族祖先有关的另一个节日是锡伯族的“西迁节”。每年农历四月十八日是锡伯族的“西迁节”，俗称“迁徙节”、“农历四月十八节”等，是锡伯族的传统盛大节日，锡伯语叫“杜因拜扎坤节”。

据史料记载，16 世纪以前，锡伯族居住在我国东北地区海拉尔一带，后被清朝迁居到绰尔河、嫩江、松花江流域。17 世纪末 18 世纪初，清政府又将锡伯族人民从黑龙江齐齐哈尔等地移居到盛京（今辽宁沈阳）辖下的十几个城驻防。乾隆二十九年（1764 年），清朝为了加强新疆地区的边防力量，又从盛京及所属的沈阳、辽阳、开原、义州、凤城、熊岳、复州、金州、兴京、海城、抚顺等 17 个城抽调锡伯官兵 1018 人，连同家属 3275 人，到新疆驻防。西迁官兵出征的前一天，西迁官兵及家属与送行的父老兄弟姐妹、亲戚故友齐集在太平寺“锡伯家庙”，共进了离别饭，共饮了离别酒，为戎装西迁的同胞饯行。农历四月十八日，是他们离开盛京踏上征途的日子。经过一年零五个月的艰苦跋涉，到达伊犁地区屯垦戍边。现在的察布查尔锡伯自治县就是当年的驻地，现在那里的锡伯人是当时西迁祖先的子孙后代。

锡伯族人民深深怀念和隆重纪念农历四月十八日这一天，就把这一天定为本民族节日“西迁节”，以缅怀祖先功绩，不忘民族族源。在新疆锡伯村屯，每年都要在寺庙内供灶，要宰猪，吃高粱米饭，每户都去当家人，进行聚餐，来纪念锡伯族西迁的历史壮举，畅叙保卫祖国西北边疆的业绩，缅怀离别的骨肉同胞。二百多年过去了，每逢农历四月十八日这一天，人们都隆重开展各种纪念活动，现已成为全民族的节日。

“西迁节”庆祝活动丰富多彩，包括野炊、射箭、比武、唱歌、跳舞等内容。特别是以独唱和合唱形式演唱以西迁过程为主要内容的徵调式西迁之歌，唱词达四百余行，三节为一乐句，全曲十二小节，历经二百多年的丰富、加工和创作，已有 7 种版本之多，传承至今，成为“西迁节”最独特的文化表现形式。

节日当天，家家都要把房子打扫得干干净净，准备丰盛的食品，人们穿上节日盛装，聚集在一起。弹响“东布尔”，吹起“墨克调”，奏起“穆尔娜”琴，尽情地跳起舞姿刚健、节拍明快的“贝勒恩”。姑娘们的“抖肩”、小伙子们的“鸭步”均惟妙惟肖，他们以此表达对故乡的思念和对未来美好生活的憧憬。此外，还举行摔跤、射箭、赛马等传统体育活动。

现在，新疆与东北地区的锡伯族间有了来往，“西迁节”显得更为重要，两地族民都非常重视这个节日。在沈阳市，锡伯族群众会自发地来到北陵公园集会，举行纪念活动。介绍锡伯族西迁的历史与经过，讲述西迁戍边的意义，激励锡伯族人民继承祖辈光荣传统。人们还要共进野餐，表演歌舞，举办一些体育、文艺等活动，以缅怀保卫祖国西北边疆的骨肉同胞。

锡伯族“西迁节”已列入国家首批非物质文化遗产保护名录。

朝鲜族等民族的“敬老节”

中华民族是一个尊老爱幼的民族，每年的重阳节有敬老节之说。而我国许多少数民族，也非常重视并竭力弘扬尊老敬老这一习俗，许多民族有敬老的节日。

朝鲜族是一个非常敬重老人的民族，老人节历史悠久，在朝鲜族的聚居区，几乎都要过老人节。但由于区域不同，节期不定。比如黑龙江省宁安朝鲜族在每年农历六月廿四日举行，而吉林省延边朝鲜族自治州则在八月十五日举行。

在朝鲜族里，对待老人有许多禁忌与要求，比如晚辈对长辈必须使用敬语，当着老人的面不许抽烟，不许喝酒，非喝不可的场合，也要背席而饮。不论何时何地，也不许向老人借火或对火点烟，借火吸烟是对老人最大的不敬。在老人面前不准说粗话。吃饭时，盛饭、盛汤、盛菜都要先敬老人，有的人家还给老人专摆单人桌，由媳妇、儿女恭顺地把食物端到老人面前。好吃的食品要摆到老人跟前，老人未动筷子前，晚辈不得先吃。与熟识的老人出门、同路时，年轻人不得走到老人前面，若有急事赶路，要恭恭敬敬地向老人说明原因，然后才能超前。途中遇有老者迎面走来，年轻人应恭敬地站立路旁让道，并叩首致礼问安。当老人外出或远行时，全家人都要鞠躬送行。子女外出前则要向老人告别，回来要立即向老人请安。虐待老人者，被视为野蛮，必为大家所不容。

老人节期间，各村敲锣打鼓，喜气洋洋，人们身着民族服装纷纷向老人们祝福。老人身穿新衣，各家儿女都众星捧月般地依偎在老人身旁，与老人共享天伦之乐。他们和老人唱歌，与老人跳舞，让老人观看青年表演的踩跳板、摔跤、打球、荡秋千等活动项目。老人赶上“花甲”时，子孙亲友及全村人都要前来祝寿。祝寿活动场面十分热闹，前来祝寿的人身穿节日盛装，过“花甲”的老人身穿新衣，坐在宴席正中，两旁由邻里老人相陪。祝寿开始后，从长子夫妇起，到孙子止，依次斟酒向老人跪拜祝福，感谢老人的辛苦操劳及养育之恩，祝福老人健康长寿，晚年幸福。

这天，晚辈要给老人准备丰盛的宴席，有特别配制的“麻格里”米酒，还有米糕、冷面、狗肉和大酱汤等传统食品。宴席后，身穿五颜六色服装的小姑娘和天真活泼的男孩子欢快地唱起祝寿歌，接着身穿长裙的姑娘敲起长鼓翩翩起舞，男子也投入跳舞的行列，边歌边舞，共享欢乐。各地还要专门举行祝寿大会，邀请60岁以上的老人坐在台上，为他们佩戴大红花，并接受全村晚辈的祝福。祝寿大会上，还要表彰经过推选、评议产生的尊老爱幼的好媳妇。每到一处，都能领略和感受到晚辈对老人的尊敬和爱护，大家都陶醉在幸福美好的气氛中。

在朝鲜族聚居区，都有专门为诞生60周年的老人和结婚60周年的夫妇而举行的纪念日，叫做“回甲节”和“归婚节”。届时，儿女、亲友、邻里都要向老人祝福，共庆美好的生活，享受美好的人间岁月。

尊老也是东北其他少数民族的重要习俗。达斡尔族就是其中之一，在他们最重大的节日——“阿聂节”，各家都有为氏族近亲老人赠送酒肉等礼品的习俗。此时，晚辈给老人敬酒磕头，祝老人安康长寿，长辈也祝孩子们得到幸福。“阿聂节”清早，晚辈为长辈行敬酒磕头礼，接受老人节日祝词。早餐后，人们穿上新装，近亲男女分别聚在一起，各由同辈兄姊带领，先为本氏族老人们敬酒磕头，以为拜年之礼。如果某家老人逝世未过3周年，晚辈者也要为设在南炕的灵位行请安、装烟和磕头礼。

锡伯族、鄂伦春族、达斡尔族、鄂温克族等民族的“抹黑节”

正月十六的“抹黑节”，是我国东北大小兴安岭地区锡伯族、鄂伦春族、达斡尔族、鄂温克族、蒙古族部分支系的共同节日。

锡伯族的“抹黑节”，有相当长的历史，因此锡伯族人至今仍比较重视这一节日。“抹黑节”的由来，据说与庄稼的黑穗病有关。相传，每年农历正月十六日是“五谷之神”下凡巡视的日子，锡伯族有个年轻的媳妇，这天把烙煳了的发面饼喂了狗，五谷神非常生气，决定要惩罚一下不珍惜粮食的人。第二年，五谷神就施展神术，使锡伯族种的麦子、庄稼都变黑了，结果到了秋天，百姓收的全是黑籽，根本没法吃。这下人们都慌了神，不知道如何是好。在了解事情缘由后，全村人就一起向五谷神请罪，并承诺可以将自己的脸抹黑，以代替庄稼受过，也不让麦子生病、庄稼结黑籽。人们的诚心感动了五谷神，他收回了法术，从此脸上抹黑的人家庄稼不再得黑穗病，庄稼又获得丰收。百姓为遵守承诺，也为了感激五谷神，便每年正月十六过“抹黑节”，争着往别人脸上抹黑，企盼谷物免除灾害，收获丰收。因此，这天被抹了黑的人非但不生气，还视此为大吉大利，认为抹黑后天火不会烧自家的庄稼，也不得黑穗病，并且将获得丰收。久而久之，就演变成现在这个非常有趣的节日——“抹黑节”，被抹上黑是丰收的象征、吉祥的祝福，一年内都可以避免灾难，得到幸福。

每年正月十六日清晨，天还没亮，人们就争相起床，用布、毡片、葱头等粘上锅底灰，走街串巷，挨家挨户，不分男女老幼，逢人互相往脸上抹黑，一直到天亮才肯收场。有的早上还未来得及起床，就被抹一脸黑。闲不住的年轻人成群结伙挨家串户去抹黑取闹，大家你追我赶地上街往脸上抹黑，相互观望，笑声不止，十分有趣。尤其是姑娘，很少有人能逃脱脸上不被抹黑的，此时姑娘们也毫不畏惧，用同样的手段往小伙子脸上抹黑。所以，许多人脸上被抹黑后，不但不生气，反而快乐地大笑起来，互相打闹，给村庄带来了许多欢乐。现在，“抹黑节”祈求庄稼免得黑穗病的意思渐淡，已变成一个期盼农业丰收、互相祝福送吉祥、嬉笑欢娱的娱乐性活动。但是，“抹黑节”也不是可以随便就互相抹锅灰，还是有些禁忌与说法。比如见了老人，得跪地施礼后，才能往脸上抹黑，且只能少抹，以示尊重。

鄂伦春族的抹黑习俗，源于抹上黑脸就能赶鬼避邪，保证一年平安不生病。正月十六这天，不管男女老少，两手抹上锅底灰，或干脆拿着大马勺，走家串户相互抹黑脸。这一天，满村都是大花脸，滑稽至极，令人忍俊不禁，村里到处可听到欢快的嬉笑声，看到激烈追逐的热闹场面。

鄂温克族的抹黑则要文雅些，人们一般在自己的手心涂上用豆油拌的锅底灰，相互抹黑脸。但还有些禁忌，像父子之间、翁媳之间和哥哥弟媳之间是不能抹黑的。晚辈给长辈抹时，也须先磕头才能抹黑。在这天，包括老人和婴儿在内，都要在脸上抹点黑，以图吉利和消灾避邪。

达斡尔族将正月十六称为“霍乌都如”，又称“黑灰节”，是达斡尔族青年一项独特的活动，象征着快乐，健康、吉祥并预祝当年庄稼丰收。据说这一天谁不把脸抹黑，这一年就不吉利，抹得越黑就越有福气。因此，清晨老人先在未起床的儿女脑门上抹一点锅底黑灰，青年们则争先恐后地往自己脸上抹黑灰，也向对方脸上涂抹，意为避邪免灾、预祝来年丰收和幸福。而年轻姑娘们往往是小伙子们追逐的对象，她们脸上往往被抹得黑黑的，满脸都是灰。这一天达斡尔青年男女可以尽情地相互取笑逗乐，也相互勉励、相互祝福。因此，与其他民族不同，“黑灰节”主要是达斡尔青年的节日活动。

在大小兴安岭地区的蒙古族也受周边民族的影响，也有一个叫“哈巴德”（打黑墨）的习俗。不过多是在对方熟睡时，偷偷在前额上抹锅底灰。

鄂温克族的“米阔鲁节”和
鄂伦春族的“古伦木沓节”

“米阔鲁”是鄂温克语的译音，为庆丰收之意，是鄂温克牧民最欢乐的日子。节日通常在农历五月廿二日左右举行，节期不定。节日里主要统计牲畜的数目，给马剪鬃尾、打烙印，同时也经常举行庆祝丰收的歌舞晚会。

鄂温克人主要从事牧业，也饲养驯鹿，所以有“驯鹿人”之称。节日的前几天，人们就开始置办节日货物，有的忙于宰羊，有的赶做奶制品，有的进城采购茶、酒、菜肴，有的专门要邀请亲朋好友一起过节。

节日当天，人们都穿着美丽鲜艳的鄂温克民族服装，和亲朋好友一起骑着马、赶着车来到祭祀场参加庆祝活动。首先由巫师萨满烧香点灯，诵经念咒，进行大规模的祭祀活动，祷告神灵，祈求消灾免祸，保佑人畜平安。接下来要进行套马比赛，比赛开始后，几十名身强力壮的年轻骑手欢呼着跨上最好的“杆马”，像弹丸一样飞奔而出，挥舞着手中的套马杆，飞快地追套烈马。谁先套住烈马，谁就获胜。当烈马被套住时，有的跳上马背，有的拉住马尾，有的紧握马耳，刹那间将马摔倒在地。整个过程紧张而有趣，是青年牧民大显身手的好机会。青壮年牧民从马圈里，按户有次序地把两岁的马拉出后放倒，接着大家一起开展剪马鬃、剪马尾、剪耳记、打烙印、拔除牲口坏牙等活动。有的人剪鬃、割尾梢，有的割耳做记号，马主人则在马的后腿右侧烙印。若是四岁马，还要在臀部打上烙印作为标志。割下来的鬃尾和剪下来的耳块由主人保存。对准备献给巫师的马进行剪耳时，主人要用木碗盛一碗牛奶，从马的两耳中间一直洒到马尾，然后再把马放进马群里。而老年人则会根据传统习俗，给自己的女儿、外甥、侄儿各送一只母羊羔，祝愿他们将来羊群如云、生活美满幸福。

热闹而又愉快的活动结束后，主人就邀请大家到蒙古包中去吃酒席。按习惯，酒席一般是先茶后酒。敬酒时，主人手捧一个木盘，上放两杯酒，从首席开始，依次敬客。敬完一轮后，主人向帮助给羊“割势”的人敬献哈达，表示感谢，同时向大家宣布当年幼畜的数字。大家听后，随即向主人表示祝贺，祝牲畜兴旺，秋后羊肥马壮，拥有更多的牲畜。当一户酒席结束时，人们便又欢笑着奔向另一家，新的欢乐场面又将开始了……

入夜后，在一望无际的辽阔大草原上，人们燃起篝火，举行盛大的篝火晚会。青年男女以篝火为中心，围成一个圆圈，手拉手自左向右转动，一人领唱，众人相合，在悠扬的琴声伴奏下，唱起嘹亮、豪放、富有草原特色的歌曲，跳起节奏鲜明、动作有力、舞步刚劲、舞姿优美、富有牧区生活情趣的鄂温克舞。当姑娘们合着明快的旋律翩翩起舞时，裙上的装饰物有节奏地叮当作响，听起来别有一番情趣。青年们纵情欢笑，直到深夜。

而鄂伦春人以喜骑善射著称，在漫长的游猎生活中，在同大自然的抗争中，与火相伴，深夜用火照明，严冬以火驱寒，视火为至高无上、赖以生存、给予温暖、光明和生命的守护神，认为火神“托欧布如坎”是自然界的一大神灵。为了祭祀火神，形成一个独具特色、别具一格的鄂伦春族传统节日——“古伦木沓节”。

“古伦木沓节”是鄂伦春族唯一的民族传统节日，“古伦木沓”为鄂伦春语，意为祭祀火神“托欧布如坎”。祭祀火神时，家家门前要燃起篝火，群众聚会狂欢时也点燃篝火，因此该节也称做“篝火节”。

“篝火节”是由祭祀火神仪式演变而来，每到年节，鄂伦春人家家户户都要在门前燃起篝火，并焚香跪拜祷告，以求火神保佑平安；饭前还要向火塘洒酒抛肉，以示供奉。平时在烤肉、煮肉时不能用刀捅火，更不能往火上倒脏水、吐口水，不从火上跨过，也反对烧迸火星的木柴，以防止触怒火神。并和族民一起选择专门的时间祭祀火神。族民一起欢聚过节，既为祭神，也为祈福迎祥，“火”象征着幸福、吉祥和兴旺。

“古伦木沓节”多在七月、八月的吉日举行，由于历史原因，“古伦木沓节”有很长时间停止举行，近几年虽有群众自发性地加以恢复，但活动方式和内容已发生很大变化，一些传统活动濒临消失。为了恢复节日，现在统一确定在每年公历6月18日举行。

节日期间，人们带着好酒好肉及帐篷等物，举家骑马到预定的地点参加活动。首先要祭祀火神，“穆昆达”主持点火，举行祭火仪式；围着篝火，由萨满进行悬斧祈祷、烤骨占卜等，在篝火周围请萨满跳舞，祭祀火神与祖先，祈祷丰收、祈盼兴旺，然后跳舞狂欢。渐渐地节日活动内容日益丰富多彩，白天则举行骑马、射箭、射击、摔跤、拉钩、掰腕、颈力绳赛、划桦皮船赛、采集等比赛，晚上大家欢聚在篝火旁，开始唱歌、跳舞、讲故事、下棋、玩木牌等文体活动。大家尽情地唱歌，跳起鄂伦春民族舞蹈“汗备舞”、“乌日格后舞”，高唱着“那依耶”、“布那耶”，在“扎里扎”、“达呼达呼”的节拍声中，跳得如醉如痴，在优美欢快的旋律中，尽情抒发着对狩猎丰收的欢乐，对甜蜜爱情的赞颂。大家彻夜狂欢，直到天亮一起观看旭日东升。“古伦木沓节”已从原来单一的祭祀神灵祖先的仪式，转变为加强各民族团结、增强鄂伦春民族凝聚力、展现鄂伦春民族文化艺术风采的盛会。

“古伦木沓节”是国家首批非物质文化遗产保护项目。

第二章

西北地区少数民族节日

在祖国辽阔富饶的西北边陲，生活着回、维吾尔、柯尔克孜、哈萨克、塔吉克、乌克兰、俄罗斯、塔塔尔、东乡、土、撒拉、保安、裕固、锡伯等民族。青藏高原以北，在沙漠广布的塔里木盆地和准噶尔盆地周围的绿洲上，生活着维吾尔族。从青藏高原西北端的帕米尔高原延伸出的天山山脉和阿尔泰山脉的高山山麓和平地牧场上，有柯尔克孜、哈萨克、塔吉克、塔塔尔等民族。此外还有18世纪到19世纪初从中国东北、中亚、俄罗斯等地迁来的锡伯、乌孜别克、俄罗斯等民族。横亘中部、东北部的天山山脉、阿尔泰山脉和西部的帕米尔高原，将新疆分为气候差异鲜明的南疆、北疆和西部高原等迥然不同的生态环境，不同生产生活方式与大致相同的民族信仰，形成新疆各民族大同小异、各具特色的节日文化。

而在青藏高原的东北边缘、甘肃河西走廊和祁连山麓，生活着裕固族和土族，此外，在甘肃、青海两省交界处有东乡族、保安族和从中亚移居过来的撒拉族。该地区是中国民族文化交融最频繁的地带，形成了丰富多彩的民族节庆文化。

信仰伊斯兰教的民族节日

我国信仰伊斯兰教的民族有回、维吾尔、哈萨克、乌孜别克、塔吉克、塔塔尔、柯尔克孜、撒拉、东乡、保安等少数民族，与汉族或其他少数民族杂居共处，守望相助。但在宗教信仰上有自己的独特性，因此形成自己的独特的节日。

“古尔邦节”在阿拉伯语中称做“尔德·古尔邦”，也称“尔德·艾祖哈”。“尔德”的意思是节日,“古尔邦”和“艾祖哈”都含有“宰牲、献牲”之意。在我国新疆的维吾尔、哈萨克、柯尔克孜等民族将其音译为“库尔班节”。回族又叫做“忠孝节”、“尔德节”。我国宁夏南部山区等地的回族称为“大尔德”，云南等地的回族称为“小尔德”。

古尔邦节

“古尔邦节”的节期定在伊斯兰教历的十二月十日。伊斯兰教历纪元从穆罕默德由麦加迁徙到麦地的那年算起，中国的回民称那一年为“至圣迁都元年”，相当于公元622年。伊斯兰教历一年分十二个月，单月为三十天，双月为二十九天，无闰年闰月，每年较公历少十天或十一天，三年相差一个多月，因此“古尔邦节”如按公历计算，就没有固定的时间。

信奉伊斯兰教的柯尔克孜族也过“古尔邦节”。节日在伊斯兰历十二月十日举行，节期一般为3～15天。柯尔克孜族每年从接羔时起就准备这个节日，选定宰畜，对宰畜不能打骂，不能出售，不能随意屠宰。节日必须宰一只本年度出生的黑色公羊。节前家家户户打扫得干干净净，制作各种糕点，炸油馓子、烤馕，做新衣服。节日这天，人们先沐浴更衣，穿上节日盛装，到清真寺做礼拜。礼毕回到家里后，开始宰牛宰羊，煮肉做饭，招待来客，并走亲访友，相互贺节。节日期间，举行叼羊、赛马、摔跤等文体活动。

塔吉克族的“古尔邦节”与其他民族在起源传说、节日时间、节日礼仪、用作牺牲之物的牛羊等都趋于相同，其不同之处是：他们是在自己传统习俗以及物质生活和精神生活的基础上来过这一节日的。塔吉克人在一年前就开始做“古尔邦节”的部分准备工作了，产羔时，每户人家就挑选出黑眼睛、毛色纯白的羔羊做上标记，作为“古尔邦节”的牺牲之物。节日来临，宰这只羊之前，要将它的眼睛涂抹得很漂亮，然后将其抬上屋顶宰，宰后，要将羊血涂于孩子们的额头和面颊，以示吉祥。羊要整只煮，然后将其原封不动地送往塔吉克人的宗教活动场所“加玛艾提哈那”（相当于清真寺），交给有关人员。众人整齐地围坐在餐布周围，分食统一分配的羊肉，边吃边回顾一年内发生过的事，同时满怀喜悦地憧憬未来。食毕，祈祷之后，大家三五成群地去拜节。

“开斋节”是信仰伊斯兰教的民族的又一重大节日，亦称“肉孜节”，是阿拉伯语“尔德·菲图尔”的音译。与“古尔邦节”、“圣纪节”并称伊斯兰教三大节日。伊斯兰教教法规定，回族等民族的穆斯林在每年教历“莱麦丹月”（九月）斋戒一个月。因此，中国通用汉语的穆斯林称该月为斋月。中国穆斯林一般皆遵守“见月封斋见月开斋”的圣谕。初旬见新月（月牙）开始斋戒，斋戒至第 29 日傍晚，若见新月，次日即为“开斋节”，不见新月，第二天再封一斋，翌日为“开斋节”。

信仰伊斯兰教的民族除在节日参加会礼等活动外，还参加一些娱乐活动。西北地区在节日里喜欢唱花儿、摔跤、掰手腕、拔腰、拧手指头等活动。而在穆斯林高度聚集区新疆，“开斋节”就非常热闹独特，哈萨克、塔吉克、柯尔克孜等族还举行叼羊、赛马、斗羊、射箭等活动。

斗羊比赛

信仰伊斯兰教的民族的节日非常丰富，“圣纪节”是伊斯兰教三大节日之一。其节日与伊斯兰教的教义、教理存在着密切的关系。清真寺是节日活动的重要场所。阿拉伯语称为“麦斯吉德”，原意是磕头、礼拜的意思，意为“敬拜真主的宅地”。

节日前夕，由清真寺里的主持阿訇讲一下过节的重要性和需要做的准备工作；之后，穆斯林自愿捐赠粮、油、肉和钱物，并邀约若干人具体负责和面、采购物品，勤杂活都是群众自愿来干的。穆斯林把“圣纪节”这一天义务劳动视为行善做好事。教民在晚拜后来清真寺赞圣，清真寺门口、大殿以及周围张灯结彩，教民们“飨以盛馔而散”。特别是西北地区过“圣纪节”时，侧重纪念逝世日，就像给先人过周年一样，诵经念“尔麦里”，以示怀念。第二天为正式纪念日，由众教民正式举行。节日里，清真寺张灯结彩，这一天，穆斯林聚集在清真寺诵经、赞圣、礼拜，并由阿訇宣讲穆罕默德的生平简历，功绩品德，以及在传教中所受种种磨难和许多智勇、善辩、善战的生动历史故事，教育穆斯林不忘圣人的教诲，做一个真正的穆斯林。这一天穆斯林还要做“讨白”（意即忏悔）。做“讨白”的要痛改前非，求主饶恕，有过就改，誓不再犯，决心立功，矢志不移。仪式结束后，开始会餐。有的地方经济条件较好，地方也宽敞，摆上十几桌乃至几十桌饭菜，大家欢欢喜喜，一起进餐。

天山南北的“诺鲁孜节”

绝大多数民族都有自己的年节，新疆少数民族的年节叫“诺鲁孜节”，内容与汉族的春节相似，但节期不同。节期每年自 3 月 20 日起，一般延续 3 天，有的民族有些地方甚至长达 15 天。

“诺鲁孜”原为波斯语，意为“初春日”，此时正值冰雪消融、草木返青、大地复苏、牲畜产仔的时节，大家喜庆“诺鲁孜节”。牧民们一面兴高采烈欢度节日，一面清点安全越冬的牲畜，准备开始草原放牧，迎接春天和丰收的到来。现在天山南北的维吾尔、哈萨克、柯尔克孜、乌孜别克、塔吉克等少数民族都过“诺鲁孜节”。

维吾尔族“诺鲁孜节”期间活动内容非常丰富。节前，家家户户全体动员，对家里户外进行一次彻底的大扫除，拆洗衣物被褥，美化居住环境。然后准备许多丰盛的食品。比如“诺鲁孜饭”，也称做“五谷丰登饭”，这是一种用大米、小米、麦子、豆类等7种谷物与奶酪和羊肉一起煮合而成的食物，是节日期间必食的主食。

每年昼夜时差相等时分，3月20日夜晚零点整，各地都专门组织人员在开阔的场地上敲打“诺鲁孜节”鼓，通知大家节日已经来临。听到鼓声，人们便会自发地汇集到击鼓地点参加维吾尔族的著名“麦西莱甫”活动。

“麦西莱甫”是歌舞和民间娱乐相结合的集体娱乐形式，是维吾尔族群众最喜爱的歌舞娱乐活动，也最具维吾尔风情。其中又以喀什地区麦盖提县一带的“刀朗麦西莱甫”最负盛名，已经入选国家首批非物质文化遗产名录。表演内容一般分为三部分：乐曲舞蹈、娱乐游戏和惩罚行为不端者。乐曲舞蹈是以传统大型套曲《十二木卡姆》为主，开始时一人独唱，接着几个人打起手鼓，参加的男女成双结对，翩翩起舞，舞蹈的动作不断变化，节奏越来越快，所有的人加入舞蹈者之中，直至疲乏时才退下，最后只剩下一两人时达到高潮。一轮刚结束，一曲又起，反复几次。接着开始娱乐游戏。其中较著名的游戏有抢“黛莱”（腰带）、献茶和唱民歌。“黛莱”游戏动作敏捷，富有戏剧性，特别是在男女青年间进行。有时也有说笑话等娱乐形式作为“麦西莱甫”的第三部分，以表演方式对日常生活中不遵守道德规范和有恶习的人进行惩罚的节目表演，不仅具有娱乐意义，还是道德风尚教育的课堂。

维吾尔族歌舞

节日第一天，各家家长首先起床，在房屋正中燃烧起一堆松柏树枝，将冒烟的树枝在每人头上转一圈，预祝他们平安快乐。然后，家长把冒烟的松枝带到牲畜圈门口，让畜群在烟上通过，祈求牲畜膘肥体壮，迅速繁殖。人们要洗浴净身，换下冬装，吃“诺鲁孜节饭”，邻里间相互赠送“诺鲁孜节饭”，亲朋好友走家串户，喝诺鲁孜茶（用红枣、沙枣、干果、大蒜、醋等7种材料沏成），祝贺新年。许多地方还喜欢拿着煮熟的鸡蛋互相碰撞，彼此祝福。白天，有些地方会举行大型的民间体育竞技活动，比如达瓦孜表演，赛马、叼羊、骑骆驼、马上角力、飞马拾银、射箭、斗鸡、斗狗、民族式摔跤、唱歌、跳舞、阿肯弹唱、舞剑、赛诗比赛，等等，还有打布球、核桃入洞、拔恰麻古、转火球、撒盖地（荡秋千）、放风筝、猜谜语、讲故事等传统娱乐项目。老年人则坐在一起交流生产经验，谈论在新的一年里的打算。学校学生在老师率领下集体参加，他们举着写有歌颂“诺鲁孜节”诗文的花木牌，列队庆祝并高声朗诵诗文。夜晚，人们还将继续举行大型的歌舞晚会。

节日期间，人们互为友好，许多平时的恩怨纠纷都能在节日的拜会中得以化解，甚至离异夫妻协商“破镜重圆”；人们还不忘帮助困难者，也为春耕、绿化做准备工作。邻里的男人都汇聚到德高望重者家中，讨论如何帮助居住区内的贫困残疾者：要给困难家庭资助粮食和种子，帮助其耕种，给没有家畜的借家畜；同时，大家商议做一些公益活动，有钱的出钱，有力的出力，维修或重建道路、桥梁，清理池塘，做好引进春水的准备，并全面动员，植树造林，美化环境，等等。因此节日期间“赶巴扎”（逛集市）也非常盛行。节日里，维吾尔族还有到野外踏青的习俗。还要为鸟雀筑巢，为亲人上坟，在亲人坟头上施洒谷物；家家户户连续几天都要拾苜蓿，吃苜蓿，也送给街坊邻居尝鲜。

维吾尔族的“诺鲁孜节”，是迎接春天的欢庆节日，也是为春耕生产，绿化、美化、净化环境做准备的节日，当然也是游娱的节日、体育的盛会。

“诺鲁孜节”，哈萨克语称“纳吾鲁孜节”，也是辞旧迎新之意。这也是哈萨克族具有悠久历史的节日，节期与哈萨克族的纪年法有关：在哈萨克族自古相传的十二生肖纪年法中，把农历正月春分那天（阳历3月22日前后）作为元旦。这一天昼夜相等，被看作为“交岁”，因而称做“纳吾鲁孜”。

哈萨克人为了欢度节日，家家户户在节前都清扫屋内外，修整棚圈，准备过节食品。节日的特色食品也是用大米、小米、小麦、面粉、奶酪、盐、肉等做的粥状饭，称做“纳吾鲁孜饭”，此外还有储存的冬肉，如马肥肠、马脖子、马肋条灌肠、马碎肉灌肠、马盆骨包肉等。

节日这一天，人们身着鲜艳的民族服装，成群结队地走家串村，互相拜年。拜年时，宾主互相拥抱，祝贺新年，一起吃“纳吾鲁孜饭”，唱“纳吾鲁孜歌”。歌的曲调是固定的，歌词可即兴自编，内容多为祝愿乡亲们在新的一年里，老幼平安，五谷丰登，六畜兴旺等吉祥话。哈萨克还有在过节第一天给老人敬献羊头的敬老的习俗，老人在接受羊头时，则要口念祝词，祝愿家人平安，牲畜满圈，奶食丰盛，等等。

节日期间人们欢聚一起，哈萨克人也要开展与维吾尔族相类似的文娱体育活动，孩子们则玩踢毽子、放风筝、捉迷藏、绕口令、猜谜语、圆梦等游戏。最具特色和有趣的哈萨克节日活动是激烈的叼羊和男女青年表达爱情良机的“姑娘追”。

诺鲁孜节

柯尔克孜族“诺鲁孜节”的节期与新疆其他民族相同，但节期的说法不同，柯尔克孜人将白羊星升起的时候定为一年的开始，每年第一个月出现时，柯尔克孜族人民欢度此节。当地有这样一个传说：柯尔克孜族先民最早崇拜天神（日、月、星），天上有十二个星座。他们认为白羊座是福神，双鱼座是凶神。“春分”这天恰好是双鱼座降落、白羊座升起的时刻，人们选择这天过节，将会带来幸福和吉祥。

在节日期间人们穿上节日盛装，举行各种活动驱邪，迎接平安和丰收，整个节日活动持续十几天。过节时，每家都按自己的能力把菜饭办得丰盛些，互相请客，以示庆祝。当地也做七种以上粮食做成的饭，不过有个专用名字叫“克缺”，意思是预祝在新的一年里饭食丰盛。过节当天傍晚，当畜群从牧场上回来的时候，每家毡房前都用芨芨草生一堆火，人先从上面跳过，接着牲畜从上面跳过，以示消灾解难，预祝在新的一年里人畜两旺。孩子们围着火堆，不停地跳，嘴里不停地“阿拉斯，不拉斯”地嚷着唱着。在晚上，孩子们还会挨家挨户地到别人家门口唱歌，女主人要给唱歌的小孩以吃的。傍晚时大家要围在火堆旁唱“诺鲁孜节”歌，也会举行本民族的传统庆祝活动。

塔吉克族的“诺鲁孜节”，也称“肖公巴哈尔节”，是“新日”、“新年”或“迎春”的意思。他们认为春分这天白天和黑夜一样长，在这天许的一年里的美好愿望都能实现。节期一般为 3 天。

节前，也要将家里打扫干净，然后要在屋里的墙上画一些花纹或图案，同时还要撒上面粉，表示祝福，希望来年吉祥如意。各家妇女还相互帮助炸“阿尔孜克”，这是一种油炸面制品烤制的大馕，比平时烤的馕要大要厚，是过节必备的食品。节日当天早晨，家里的男孩子牵毛驴或牛在屋子里转一圈，主人给毛驴喂块馕，在它的背上撒些面粉，然后，把驴牵到屋外，把屋外的东西搬回家里。

塔吉克族都是集体拜年，大伙推选一个“肖贡”，由他带领大家去挨家挨户拜年。大伙每到一家，“肖贡”都要开口先讲祝贺节日的贺词。主人回答，“但愿如此”，接着将事先准备好的面粉撒在“肖贡”和来拜年的人们肩上，之后盛情款待来客。按照习俗，“肖贡”要把馕切成块，念一句“比斯米拉”（以真主的名义），并吃一口，然后大伙一块进食。由“肖贡”率领的拜年团体，一天要给数十家人拜年，通过这个拜年活动，增进相互间的了解和友谊。

节日的头一天，一般都是男人和孩子去拜节，妇女留在家里招待客人。过后，再由姑娘和媳妇去拜节。媳妇还要带上油馕回娘家看望父母，祝贺节日。节日期间，人来人往，非常热闹。节日里，塔吉克各村的青年男女也都会举行赛马、叼羊比赛，晚上则举行集体歌舞活动。

"诺鲁孜节"也是乌孜别克族最隆重的传统节日。节前，乌孜别克人要把小麦泡在水中，使其发芽，以备作节日食品之用。节日里，乌孜别克族要举行一种称为"苏麦莱克"仪式的传统聚会，聚会通常是以村落为单位进行，全村的男女老幼围成一个圆圈，中间架着数口锅灶，有专人精心熬制一种以节前准备的青麦芽为主要原料，加入糖、盐、油、面粉等一同煮成的称做"苏麦莱克"的甜粥食品。傍晚，人们一边熬粥，一边弹起坦布尔、独他尔，打起手鼓，在急促、激烈的鼓乐声中，青年男女争先上场，跳起欢乐的民族舞蹈。这时，由村里德高望重的长者出面，将熬好的甜粥分盛给大家，每一位乌孜别克人都将"苏麦莱克"视为最珍贵的食物，不敢随意抛弃。据说这是为了纪念本民族从事农业的先民。当晚，聚会现场是一个琴声、歌声、笑声的海洋，欢声笑语一直持续到次日清晨。

西北民族的"花儿会"

"花儿"亦称"少年"，是青海、甘肃、宁夏等省（区）的一种民间曲调，时而高亢豪放，时而悠扬婉转，在当地土、回、藏、东乡、保安、撒拉等少数民族地区颇为流行。人们把在固定时间、在固定场所举行的唱"花儿"的集会称做"花儿会"。

西北地区的"花儿会"很多，有的"花儿会"相传已有一千多年的历史，大多在农历六月举行。最负盛名的是农历六月初一开始的甘肃省康乐县莲花山"花儿会"，规模最大，历时 6 天。而土族地区的"花儿会"，可以说最为普及，其中青海大通县老爷山、民和县古鄯七里寺、乐都县瞿昙寺和互助县丹麻镇的"花儿会"都较出名。

"花儿"的发源地有三个：一是青海省东部的河湟地区，二是甘肃洮岷地区，三是今甘肃省临夏县河州地区。三个地区的"花儿"各有特色。"花儿"有句、令、调之分。所谓句，即能表达一个完整的意思。"西宁花儿"与"河州花儿"一般为四句一首，少数为六句一首；而"洮岷花儿"一般三句为一首，少数六句为一首。"花儿"的句子构造，三个地区基本相同。大都是前半段引用典故，后半段表达感情。所谓令，是“花儿”的曲名，现有“土族令”、“东乡令”、“保安令”、“河州令”、“马营令”等数十种。所谓调，是“花儿”的歌谱。不同的令有不同的唱法，也就有不同的歌谱。“花儿”有上百种固定的曲调，民间也称为“令”。土族“花儿”的调令最丰富，有白牡丹令、尕妹妹令、好花儿令、红花姐令、连手令、梁梁上浪来令、大眼睛令、水红花令，等等。

“花儿”有着强烈的艺术魅力和浓郁的乡土气息，颇受群众喜爱。由于流传地区不同，因而在语言风格、音乐曲调和演唱形式上也就逐渐形成了若干不同的流派和艺术风格。如“河州花儿”的基本特点是以生动形象的比兴起句，文辞优美，格律严格，曲调悠扬，长于抒情，听起来清新、豪放。“洮岷花儿”的基本特点是即兴创作，自由活泼，幽默风趣，以叙事见长。个人独唱较少，多为搭班对唱。对歌时，双方或拦路相对，或席地而坐，问啥对啥。不分昼夜，自由自在。享有“花儿之乡”美誉的土族山乡麦绿花开，田地里锄草的阿姑们一边劳作一边唱“花儿”的情景随处可见。她们触景生情，即兴编词，或自唱，或对唱，或男女混唱，歌词内容丰富，含蓄生动，曲调悠扬多变，高亢嘹亮。但土族“花儿”是山歌型情歌，多是在田间劳动、山中放牧、赶车上路、河里淘金时，即兴顺口编唱的。由于是情歌，有大小辈的禁忌，不仅家里不能唱，即便在村子里也是禁唱的。平时即使是过年、过节或有什么喜庆，也是从来不唱“花儿”的。

据说洮河流域的“花儿会”起源于民间传统的农业祭祀活动。在洮河流域，农民们每年都要定期自发举行数百个规模大小不等的山歌竞唱会——“花儿会”。据调查，仅临潭一县每年就有52处举办“花儿会”。规模较大的“花儿会”有三处，除莲花山“花儿会”以外，还有分别在农历五月初五、五月十七日举行的临潭县新城乡城隍庙“花儿会”（当地俗称“五月神会”）和岷县二郎山花儿会（过去称“湫神庙会”）。这三个花儿会，每年的参加者均在万人以上，最盛时达数万之众，参加总人次在50万以上。

莲花山“花儿会”，每年六月初一在甘肃省康乐县莲花山举行。

当地的回、藏、土、撒拉、东乡、保安、汉各族人民陆续前来莲花山唱歌。据说，这种以唱歌为中心的大小“花儿会”场，仅莲花山一带，每次就多至百余处。莲花山“花儿会”富有情趣，形式与其他“花儿会”稍有不同。多见景生情，即兴创作，自由活泼，以叙事见长。莲花山“花儿”乡土气息很浓，富有“野性”。

当四面八方的歌手汇集到莲花山后，游山对歌，便进入了高潮。歌手们，游客们，三五成群，沿着曲折的山路，向莲花山攀登。有的打着伞，摇着扇子，边走边唱。当地群众常用马莲草拧成长绳或用竹条、柳枝放在歌手经过的路上，以示拦路对歌。当地有民谚：“马莲绳绳拦的宽，宽似铁打的虎牢关，你对不上时绳下钻。”被拦的歌手必须停下来对歌或唱歌，然后放开马莲绳让他们通过。

从山下到山顶，长达40余里。人们不辞劳苦，大有“不到长城非好汉”的劲头，一直爬到山顶，并在当晚露宿山上。歌声彻夜不断，这是歌手们大显身手的时刻。前来参加“花儿会”的歌手，一般由男女十人左右组成临时“花儿班子”，由一个才思敏捷、出口成诗的“串把式”负责现场编词；由两、三个歌喉嘹亮的歌手轮流领唱，待唱到“花呀，莲叶儿”时，所有的人都同声应和。在问答中，回答得很好的，听众就以红绫一匹相赠，俗称“挂红”。如果回答不好或回答不上来，那就输了，自动退场，让别的歌手上场对答。对歌的内容十分广泛，上至天文气象、下至山川地理，大至国家、小至家庭，一问一答，颇有趣味。

“花儿会”场景

莲花山“花儿会”达到

高潮时，各地群众登山会歌，常聚有数万人。“花儿会”包括拦路、对歌、游山、敬酒、告别等程序，都是在优美的歌声中进行的。许多男女青年亦借此机会表示倾心爱慕之情。

居住在祁连山地的古浪、天祝、永登等县的群众，每逢农历五月初五、六月初六等传统节日，也要举办大型的“花儿会”。当地关于“花儿会”的传说更是赏心悦目：玉皇大帝传旨要求，劳作之间如有欢乐，农业丰收有望。从此，当地百姓们都要到山清水秀的地方，与各种花草树木共容相处，青年男女放开歌喉，声闻于天，以便玉帝听到，龙心喜悦，保佑丰收，届时人山人海，一派热闹景象。

在青海众多“花儿会”中，以河湟花儿最具代表性。河湟花儿主要分布在青海高原东部的河湟谷地，深受当地土族、回、撒拉等民族的喜爱。每年农历三月至六月，河湟谷地春意盎然，大大小小“花儿会”分地分时举行，青海东部就变成“花儿的海洋”。一年中最早的“花儿会”，当从农历二月初二的互助县威远镇的擂台会开始，接着是该县哈拉直沟三月廿七日至三十日的毛荷堡的“花儿会”，四月初八乐都县王家庄老爷山的“花儿会”。但规模较大的“花儿会”，多在农历的五月以后。仅五月初五，就有民和县的峡门、乐都县的中坝、化隆县的昂思多三个“花儿会”。农历的六月是“花儿会”的高潮期，从月初到月末一个接一个，几乎不间断。六月六、六月十五前后，同一时间就有几个“花儿会”在各县同时举行，如民和县古鄯七里寺、大通县老爷山和青山乡祁家寺、互助县的丹麻和五峰寺、乐都县的水峡和瞿昙寺、平安县的寺台子、贵德县的河阴等。

虽然都是“花儿会”，但各地的“花儿会”却各有自己的特色。如互助县的威远镇、丹麻、五峰寺三个“花儿会”，参加者以当地土族群众为主，唱的主要是土族花儿；而民和县的七里寺、峡门两个“花儿会”，因与甘肃相邻，还有甘肃兰州、永靖来的歌手与群众，当地的群众以回族参加者为多，主要唱的回族花儿。乐都县瞿昙寺“花儿会”，汉族、藏族群众是主要参加者，会上唱得最多的是《依呀依令》。化隆县昂思多“花儿会”，因周围有些地方回、汉、藏族交错杂居，所以三个民族的群众都参加，既唱花儿，也唱藏族的“酒曲”，而且有的歌手两种歌都能唱。贵德县河阴六月会与昂思多“花儿会”类似，也是花儿、“酒曲”都唱，各有各的歌手和听众圈子，各自围在一起，各唱各的歌，互不相扰。在昂思多、河阴两个“花儿会”上，如果幸运，说不定能听到其他地方很难听到的，用汉、藏两种语言搅在一起演唱的“风雪搅花儿”。

每年农历二月二日在青海互助县南关举行的擂台会就要举行花儿竞赛。所以又称“擂台会”。起因是当地曾有一土台，相传是祈雷公之地，故有此称。届时，很多著名的歌手从青海的民和、乐都、平安、湟中等地到此一展歌喉。当地的男女老幼在此日清晨也盛装而来。场内有十几甚至几十个摊子，每个摊有8～10人，“摊”成为竞赛的基本单位，摊内不能有自己的父母子女或异性长辈。竞赛时一般是一男一女把酒对唱，每唱罢一曲向对方敬酒，然后另一对男女歌手接着唱。经过竞赛会出现一些压会歌手，于是高手们又组合在一起唱，达到竞赛的高潮。擂台会的花儿一般以互助花儿为主，大都属五声商调式，具有独特的风格。届时方圆数百里的群众、成千上万的民间歌手和正在热恋中的青年男女，从四面八方汇聚到“花儿会”上，尽情地赛歌，“花儿会”一般举行3天。

丹麻“花儿会”在河湟谷地也非常出名，每年农历六月十一日至十五日为节期。期间，土族男女老幼身着节日盛装，汇聚于丹麻乡。歌手们在这里饮酒对歌、一比高低，而青年男女则以花儿传情，借此机会结成良缘。音调婉转清丽的花儿，使节日充满喜庆的气氛。一年一度的“花儿会”成为歌手们的一次大“比武”，给土族人民的生活带来欢乐，亦是土族文化的重要组成部分。

在历史上，“花儿会”多与各地的庙会、朝山活动以及物资交流活动相伴，但还是以唱花儿、赛歌为主，有的增加了一些戏曲、皮影、电影、曲艺等活动，逐步向综合性的群众文化娱乐活动的节日发展。一个“花儿会”吸引着方圆数十里外几个县的群众，少则数千，多则数万，会期要延续数天之久。各地的“花儿会”，节期基本是固定的，时间一到各地各族群众都会自动赶来。一些热心痴情的歌手及花儿爱好者，甚至一个接一个，连赶三四个“花儿会”方才兴尽甘休。

在最近新公布的国家首批非物质文化遗产保护名录中，以莲花山“花儿会”、松鸣岩“花儿会”、二郎山“花儿会”、老爷山“花儿会”、丹麻土族“花儿会”、七里寺“花儿会”、瞿昙寺“花儿会”、宁夏回族山花儿为代表的“花儿会”都已入选。

塔吉克族的“引水节”、“播种节”和塔塔尔族的“撒班节”

生活在新疆帕米尔高原上的塔什库尔干塔吉克自治县的塔吉克族人，除经营牧业外，还从事农业生产。他们主要种植青稞、豌豆和小麦等耐寒作物。“引水节”和“播种节”是塔吉克族的传统农事节日。

“引水节”和“播种节”，当地语称为“孜瓦尔”和“哈莫孜瓦斯特”。每当春季来临，塔吉克人需要砸开冰块，引水入渠，灌溉耕地，为此而欢庆的节日叫“引水节”。节日一般在塔吉克族春月（公历3月22日至4月22日）间举行。每年春播时要过“播种节”，节日在春播的头一天举行，是人们祈盼风调雨顺的节日。

塔什库尔干海拔高，气候寒冷，每到播种季节，人们都要上山破冰引水，使良田得到及时灌溉。而这个节日正是组织和动员大家去引水的活动。过节之前，全村人都要做一些准备工作，一是劳动工具；二是先要到有冰层的水渠上面撒些黑土，以利于冰层表面吸热，加快冰层的融化；三是要烤制3个节日用的大馕，一个留在家里，两个带到水利工地食用。节日这天，大家骑上马，带上工具和馕，由“穆拉甫”（负责引水的头人）带到引水点。接着便开始热火朝天地破冰引水和整修水渠劳动。在劳动中，大家怀着节日的心情和夺取丰收的信心，争先恐后，抢着干重活。当水引入渠道后，人们欢呼雀跃，祝贺引水成功，并聚集在渠边，开始共食带来的节日大馕；大家有说有笑，充满了节日的欢乐气氛。之后，人们还要坐在一起进行祈祷，祈求丰富的水源，避免灾害，获得农业的丰收。这天，人们还要举行赛马、叼羊等娱乐活动，庆贺引水成功，全村人沉浸在欢乐的节日之中。节日过后，人们便集中精力开始一年一度的春耕生产，进入春耕的大忙季节。

而“播种节”则是要求全村男女老少在节日当天都来到地头，每户还要带一些麦种堆放在一起，以祝贺春播的开始。村里有威望的长者面对苍天和原野进行祈祷，在祈求风调雨顺、谷粮丰收之后，把麦子撒向人群和大地，撒种时要烧点烟火。一人撒种，其余人都将衣襟宽宽地撩起，让种子落进怀内，这些种子要带回家去。接着请一位有福气的老婆婆来到地中间，象征性地绕圈并翻挖土地。最后，牵一头膘肥体壮的耕牛来到地里，象征性地犁几下地，并撒一点麦种，表示开播。那头耕牛犁地之后，人们还用面做成犁铧、犁套状的食品奖赏耕牛，表示慰劳，希望它在春耕春播中出力。仪式结束后，人们相互发剩在口袋里的种子，并开渠把溪水引入农田。一起欢呼跳跃，相互拥抱表示祝贺，大人孩子互相往身上泼些水，预祝丰收。过节这天，家家户户都要烤馕，并要做一种叫做“代里亚”的饭，是用碾碎煮熟的大麦和压碎的干酪混合在一起制成的。邻里相互拜年，当前来拜节的人出门时，妇女跟随其后出来洒水，以祈求丰收。第二天，人们便大面积地犁地播种。

叼　羊

塔吉克的“播种节”，也有与西双版纳地区相似的泼水习俗。当天若有人去塔吉克族人家里做客，塔吉克族妇女便会端着一盆清水在门外等候。客人一进门，几盆水便泼到他们身上，越是尊贵的客人，越要往他身上泼水，表示对他的尊重和敬意。这一天家家门口欢声笑语，非常热闹，充满了节日的欢乐气氛。

“引水节”与“播种节”已被列入国家首批非物质文化遗产保护

名录。

“撒班”是塔塔尔语，原意是塔塔尔族犁地的工具，引申为“庆祝春耕”。

塔塔尔族除牧业外，也开展农业生产。据塔塔尔族传说，由于撒班的产生，促进了塔塔尔农业生产力的发展，因此，撒班节通常是在冰雪消融，大地回春的晴朗日子，即在每年春播和夏收之间的某一天举行节日活动，预祝丰收的好年景，祝福美满的新生活。

每年春耕结束，塔塔尔人以乡为单位进行欢庆活动，既庆祝春耕完毕，又祈望秋收丰稔。这种庆祝活动塔塔尔语称“乌买克”即“团会”。撒班节这一天，乡亲们聚在野外，男女老少载歌载舞，开展各种体育活动。除摔跤、赛跑、攀杆等项目外，还有跳跃、跳水渠、唱歌、跳舞、拔河比赛等，而最有趣最隆重的算是赛马，优胜者还可得到姑娘们亲手纺织的手帕、围巾、刺绣衬衫等奖品。

对唱是节庆的主要内容，成年人歌唱丰收；青年人歌唱友谊与爱情；少年围着人群唱：“雨呀，雨呀，快快下，我们不要饥饿，永远不要见那像狮子般的瘟疫。”群众在对唱时，还唱教训懒汉的歌：“不要流浪快回家，快把酒瓶变骏马，快把酒瓶变犁铧，老老实实种庄稼”等等。

柯尔克孜族“马奶节”和
裕固族的“剪马鬃节”

柯尔克孜族大多生活在牧区，从事牧业生产，他们养马、爱马，并喜欢喝马奶。正如蒙古族一样，柯尔克孜人也在长期的生产生活中，创造了欢庆饮马奶的节日，这就是柯尔克孜族的“马奶节”。

柯尔克孜族把“马奶节”称为“克木孜穆伦多克”。规定在每年入夏，双子星在天空第一次出现的第二天，柯尔克孜农历三月初一举行。这时候草原上牧草已大面积返青，母马已开始产驹，过“马奶节”具备了条件。从这天开始，牧民们便开始挤马奶和食用马奶。

节日清晨，家家户户的男女老少都穿上节日的盛装，兴高采烈地来到

柯尔克孜舞蹈

拴马的地方，举行一种仪式。开始时，由长者抓住马鬃进行祈祷，希望安拉保佑风调雨顺，草原人丁兴旺，家家都过上丰衣足食的好日子。接着妇女中的长辈开始挤马奶，并将挤出的第一碗马奶先喂给家中最小的孩子，希望孩子茁壮成长，将来得到幸福。仪式结束后，人们便开始宰羊煮肉，把节前准备的发酵好的马奶和各种乳制品及油炸食品摆出来，迎接客人。

午后，草原上的牧民骑上马成群结队相互拜节祝贺，并品尝入夏以来的第一碗马奶。接着，还要吃羊肉和各种食品，这时人们还要弹起琴唱起歌，歌唱草原上的新生活，祝贺人畜两旺，企盼又一个丰收的年份。除了唱歌、跳舞、说唱、讲故事外，常见的还有叼羊、摔跤、赛马、马上角力、跑马取物、马上打靶、拔河、荡秋千、月下赛跑等内容丰富的民族体育活动。节日一般3天后才结束。

与东北地区鄂温克族的“米阔鲁节”相似，西北地区祁连山地的裕固族也有一个庆草原丰收的劳动节日，叫“剪马鬃节”，节日内容与“米阔鲁节”比较类似，在每年的农历四月中旬择日进行，节期一到两天。

届时，主人要准备酥油、奶茶、青稞酒、手抓肉等食品及剪马鬃用的盘子，盘子里有座用炒面疙瘩垒成的7~8层小塔，塔上浇有酥油，凝固的酥油可使塔固定在盘子里。塔表示中心与四面八方；食品做塔的材料可象征富足。同时准备一把锋利的剪刀，剪刀把上系条吉祥的白色哈达。剪鬃仪式开始，家人牵来马驹，主人邀请客人中有经验的牧人执剪，客人互相推荐，自己再三谦让。最后，由一位公认的既善剪鬃又会歌舞的人开剪。他（她）一边剪马鬃，一边唱剪鬃歌。

剪下的头一绺鬃毛，由他（她）亲自送进帐篷，敬献给“毛神”，祈求“毛神”保佑。献毕，出帐篷继续剪，但得留一部分让其他客人剪。给主人家所有的满周岁马驹剪完后，大家进帐篷入席宴饮。酒歌对答，气氛十分欢快融洽。主人尽量使客人多吃多喝；客人热情赞扬主人治家有方，牲畜兴旺。饭后，主人骑上刚剪过鬃的小马驹，奔驰而去，每过一家，都会得到大家的祝贺。剪马鬃，有点像给少年行成人礼一样受到普遍重视。

以游牧为生的裕固族，对马有着特别的情感。有一匹好马，对于一个裕固族男子来说，是一种莫大的荣誉。裕固族每年都要举行盛大的赛马会，在充满节日气氛的草原上，赛马吸引了四面八方的观众。

塔吉克等少数民族的灯节

农历正月十五是汉族传统的“元宵灯节”。我国少数民族中也有许多民族过元宵灯节，但也还有一些民族过的是独具民族、宗教特色的灯节，节日内容丰富多样，精彩纷呈。

塔吉克族的灯节是他们最隆重的宗教节日，叫“皮里克节”，节期在伊斯兰历巴罗提月（即八月）的十四、十五两天举行，所以也称“巴罗提节”。

节日前夕，家家户户用一种名叫“卡乌热”的草茎做芯，外面裹上棉花，放在羊油中浸泡制成许多羊油烛。此节所用之灯，并非通常概念中的灯，而是将浸油的棉花缠在干草棍上做成的油烛；其用途也不是为了照明，而是为了避邪祈福、追祭亡灵。

“皮里克节”节期两天。第一天是“家里的皮里克”。天黑后每家在自家房顶上扎一支最大的灯烛火把。然后全家人围坐一圈，在屋中放一小堆沙土，家长按辈分、年龄逐一叫家人的名字，被叫到的人点两支羊油烛插入沙土中，全家人的灯烛都点亮后，各自伸出双手在自己名下的灯烛上烤一下，然后做“都瓦”，全家人对着油烛潜心祈祷，以求消灾降福。仪式结束，合家大小在灯光下共享丰盛的佳肴。接着，点燃屋顶上的大羊油烛，被称为“天灯”。全家人要出门肃立屋前，仰望“天灯”，默默祈祷安拉保佑一年平安。与此同时，各家门前要点火堆驱邪，孩子们围绕着燃烧的篝火欢乐地跳跃，尽情戏耍。这一夜从山村到牧场，在灯火的照耀下，灯火通明，到处洋溢着节日气氛，年轻人尽情欢乐、欢歌纵舞，彻夜不眠。

第二天，邻居互相串门拜节，主人会以点心招待。节日里也少不了歌舞娱乐，走马舞和叼羊是常见的活动。下午日落时，大家聚在墓地前，先给每座坟墓点燃三五支酥油灯，把招魂灯插在盘子里，摆上油馕、熟羊肉等事先准备好的祭品，并用一个盘子盛上麸皮、面粉、酥油等搅拌而成的“依德”，一家老少跪在坟前向亡灵祈告，祈求祖先保佑全家幸福平安。追悼仪式完毕，来同一个墓地上祭祀的人将带来的食物集中在一起，由德高望重者平均分配给在场的每一个人，友好地围坐在一起进食，并互相祝贺节日。

藏族的传统灯节叫“燃灯节”，也称“五供节”，也是一个宗教节日，在每年藏历十月廿五日（农历八月十五）举行，节期两天。原因是这天为藏传佛教格鲁派创始人宗喀巴祖师的圆寂成佛日，许多藏传佛教寺庙和信徒在这天举行隆重纪念仪式。

这天凡属该教派的各大小寺庙、各村寨牧民，都会在寺院内外的神坛上或家中的经堂里，点酥油灯，昼夜不灭。人们穿上节日的盛装，聚集在为佛教大师诵祈愿经的寺院前，高诵“六字真经”，向佛的神灵祈愿、磕头，各村寨的男人们骑上马，带上早已备好的柏香树枝，到村旁的神塔前，高诵祷词，举行盛大的煨桑仪式。并向天空抛撒印有狮、虎、龙、鹏的“龙达”（风马），继而，骑手们为寺院的僧人们和全村寨的人们，表演马术。晚上各家各户和寺院都在屋顶上点燃无数佛灯，屋内窗棂、墙壁间摆放佛灯数目不等，光明如昼，布若列星。寺院喇嘛更是上供、燃灯、诵经、磕头、做法事。

该节尤以甘丹寺为隆重，节日夜晚，由于各寺院及百姓屋顶都点燃佛灯，灯光耀眼，犹如繁星落地，美丽壮观。

节日当晚，过节村庄的男女青年则跳起“锅庄”，老人们坐在看台上边喝酒、聊天，由歌手唱祝愿歌，由能说善唱的艺人说唱藏族民间长诗《格萨尔王传》等，直至圆月升起，人们才扶老携幼，高声诵念“六字真经”愉快地回家。

而在宗喀巴的诞生地塔尔寺也在每年农历正月十五日举行灯节。届时，寺院举行法事。入夜，点起酥油灯，彻夜不熄。塔尔寺的能工巧匠，依靠灵巧的双手和新颖构思，用晶莹洁白、细腻松软的酥油和各种颜料，塑成各种争妍斗奇的花朵、千姿百态的珍禽异兽、小巧玲珑的亭台楼阁、形态逼真的佛经传说人物等形象，栩栩如生，所以青海称此节为“酥油花灯节”。灯节期间，塔尔寺还举行“跳神”、“高跷会”等活动。

部分地区的蒙古族也在这天举行纪念宗喀巴的节日，叫“千灯节”或“佛灯节”，蒙语称“明干卓拉”。但节日内容却不相同。每到这一天，新疆卫拉特蒙古族邻近居住的几户人家，用泥巴或砖头垒一个六尺高的敖包。夜幕降临，各家各户就把自制的佛灯拿出来。在一个长者的引导下，把它们插满了这座敖包。这种佛灯是用白面捏的，在草棍上绑上干净棉花，嵌进中间作为芯儿，里面再注满酥油便成为一个灯盏。这种灯盏每人至少要做百盏，多者不限。大家在灯山下跪围一圈，祈祷宗喀巴佛爷慈悲恩典，赐长命百岁，保佑众生健康平安。然后围绕灯山顺转三圈，各回各家喝茶吃饺子。节日里，当地群众聚会吃烤牛羊肉，举行传统的体育游艺活动。察哈尔地区蒙古族则有所不同，灯盏是用莜面放砂糖搅和捏成，把芨芨草棍上缠上新棉花做灯芯，用黄油一盏一盏灌满。以家庭为单位，每家至少几百盏，家富的捏几千盏，都一圈一圈摆在铜盘或木盘里。晚上星宿全了以后，把佛灯搬出来，从佛包开始，居室、凉房、羊圈、羔棚，都要摆上。每人手拈一炷黄香，在长者带领下，把所有佛灯点燃。接着大伙集中到一大户人家，围绕火撑子坐个圆圈念玛尼经，大家一起分享佛祖赐予的神食。巴林蒙古族在这天则要做一种用黄油炒碎米后加红糖叫“蒙利森巴达”的点心，互相送礼。第二天一大早，孩子们争先恐后，三五成群，到各家去抢吃佛灯，据说吃了能健康成长，吉祥长寿。

海拉尔一带达斡尔族也在这天纷纷制作各式各样的灯盏，去庙里点燃灯火，认为点得越多越吉利。也在一起吃烤牛羊肉，饮奶茶，并举行摔跤、赛马、射箭、歌舞等娱乐、体育活动。

朝鲜族的灯节也叫“燃灯节”，是在农历四月初八的佛祖诞辰日，不仅众多信徒身着素装到寺庙烧香拜佛，而且其他人也去赶庙会。夜晚，人们用柞木烧成木炭，压成粉末，掺入咸盐，用纸包成香肠状，外面缠上细草绳。到了夜晚，绑在长杆上点燃，便会劈里啪啦作响，放出耀眼的火花。

土族的“纳顿节”

“纳顿节”是民和三川地区土族人民为庆祝丰收而举行的民族传统节日，也称“庄稼人会”、“庆丰收会”和“七月会”等。“纳顿”是土语音译，和蒙古族的“那达慕”含义一样，意为“娱乐”。关于它的历史渊源，目前还没有发现文字记载。有学者认为，从“纳顿节”中傩舞傩戏的内容、形式、服饰等考证，“纳顿节”起源于元代中期，完善于明代早期。

青海三川地区的官亭、中川等七个乡镇的七十多个村庄都过“纳顿节”，“纳顿节”是从庄稼成熟最早的下川宋家村，大概是夏末麦场结束时（农历七月十二日）开始，每次间隔一天或数天，由下川经中川的祁家、杨家等地，渐渐北移，一直延续到上川的赵木川、官亭鲍家一带，最后以农历九月十五日的朱家“纳顿”收尾。历时两个多月，由其中的20多个村轮流举办，所以有人称“纳顿节”是“世界上最长的狂欢节”。

“纳顿”是纯粹以庙会的形式发起组织的，村落结成庙会，往往与水利、引灌等生产条件相关联。各村有村庙，“纳顿”的具体组织和负责主持事务的总家、排头，都由村民选举产生或轮流担任。在村庙这一组织下，规定了若干村规民约，谁违犯就罚香、钱、粮等。在“纳顿”前一天、一切准备工作就绪，每户都要派一个成年人，带一瓶酒，一个大蒸饼，交庙里保存。

“纳顿节”可以由一村单独举行，也可以由两村联合举行。最为常见的是两村联合，一村充当主人，而另一村为客。“纳顿”前，各村在村庙正前方100米左右处搭起大的白色帐篷，里面供奉金光璀璨、五色斑斓的神轿中的地方神塑像如二郎神、夏琼神和其他地方神，会场对面立长杆，上挂纸钱粮、幢幡。当本村的大型集体舞蹈“会手”跳起来时，邻村也组织“会手”前来庆贺。两村男性排成长列，扛着各色彩旗，敲锣打鼓，高呼“大好！”在主方村外麦场上会合，几十面大鼓被擂得震天响，伴随着沉稳有力的鼓声，“会手”们闪腾跳跃，在粗犷的高呼声衬托下，表现出健美的雄姿。如此“会师”三次后，就拉开了纳顿的序幕。

“纳顿节”的舞蹈由跳会手、跳面具舞（傩戏）、跳“法拉”（巫）三部分组成。“会手”舞一般由七八十人至上百人组成，按照老、中、青、少年男子顺序列队，穿长衫，舞彩旗或扇子，击鼓敲锣，左右侧身，摇摆身段，纵情表演，不时高呼“大好”。舞在最前面的是身着长衫，手执扇子的老人，往往是纳顿的组织者和纳顿舞蹈的传人。舞蹈的动作虽然不太复杂，但整齐的舞步，协调的跃动，伴随着有节奏的锣鼓声，显得十分优美。在舞蹈的同时，主方不停地用大碗给会手们敬上青稞酒，以酒助兴，人们在舞蹈中陶醉了，喜庆和欢乐的高潮一浪高过一浪。

会手舞结束后，人们都要跪在广场中央，由老人唱“喜神”曲，赞美神灵的服饰穿戴、坐骑器具等，答谢神灵降临尘世，与民同乐，赐福于民的厚恩。接着就表演面具舞《庄稼其》（意即庄稼人），情节是父亲请老者说服儿子立志种田，并教会耕作技艺。表演者动作滑稽，神态活泼，富有乡土生活气息。表演的另外几出面具舞有《三将》、《五将》等，角色是三国时的关羽、刘备、张飞等。最后表演《杀虎将》，是一出古朴粗犷的舞剧，舞蹈动作主要是角抵和相搏，人们扮做虎、牛、杀虎将、猴子等众多角色并模仿兽类动作。这种表演与土族先民从事的畜牧业生产有关。表演完舞蹈，人们踩着剧烈舞步，手执月刀，将垂挂在长杆上的纸“钱粮”砍下送到圣火中焚烧，“纳顿”

土族“纳顿节”

宣告结束。有人将堆积如山的蒸饼分块赠送给每个到会的人。老人们焚烧纸钱供于地方神前，焚香祷祝：风调雨顺，民殷财阜。然后，把地方神抬送到下一村庙会的“纳顿”。

土族人民视“纳顿”为和气吉祥的隆重节日，是土族人民最重要的文化娱乐盛会，也是他们访亲探友好时机，哪里有“纳顿节”，哪里就能看到打扮一新，乘车骑驴或步行的访亲队伍浩浩荡荡行进在乡间的路上，他们在一起相互交流生产、生活经验，学习和传播新思想、新知识。也有在节期商榷儿女婚嫁，调解纠纷等习俗。而对于情窦初开的青年男女而言，纳顿则成为他们寻觅知音的天赐良机。

土族“纳顿节”

“纳顿节”具有严格的组织和程序，其活动与乡村管理和生产时序紧密结合，有明显的社会调适功能。节日期间，活动内容丰富多彩，极富民族地方特色。特别是其中的傩戏傩舞，保存着北方民族萨满文化的痕迹，同时又吸收了二郎神、关公崇拜等汉文化的内容，既表现了土族的文化个性，又体现了多元文化共生共荣、相互影响、相互交融的民族和谐现象，具有丰富的文化艺术内涵，其音乐、舞蹈、颂词、服饰、仪礼等都富于民族特色。

土族“纳顿节”已列入国家首批非物质文化遗产保护名录。

第三章

西南地区少数民族节日（一）

西南地区是我国少数民族的聚集地，总人数47.15%以上、民族种类中63%的少数民族生活在这里。在历史上西南民族可以分为四大族群，即属于藏缅语族的氐羌族群，有彝、藏、白、哈尼、拉祜、纳西、傈僳、普米、景颇、阿昌、土家、基诺、怒、独龙、门巴、珞巴等民族及苦聪人等。属于壮侗语族的百越族群，有侗、布依、傣、水、仡佬、仫佬等族；属于苗瑶语族的苗瑶族群，有苗族、瑶族；属于南亚语系孟高棉语族的百濮族群，有佤、布朗、德昂和克木人等族群。

由于历史原因，该地区少数民族的社会、经济发展也极不平衡，分别居住在山区、半山区、高寒地区和坝区，从事的生产方式有农业、林业、牧业、狩猎和渔业等，语言不同、宗教信仰不同，佛教、道教、伊斯兰教以及儒教思想在这里共存，有些民族的原始崇拜依然存在。正如生态人类学理论指出的：文化与环境，技术与资源，存在着一种动态的互动关系。西南地区如此迥然不同的地理、人文、信仰，造就了迥然不同的节日文化，具有鲜明的民族特色和地域特色，是中国少数民族节日文化最为璀璨的地区。

青藏高原的庆丰收节日

“望果节”，“望”，藏语意为“田地”，“果”为“转圈”。汉语音译也可理解成“祈盼秋天果实累累”，守望丰收，预祝丰收，期盼着一年的辛勤劳动能有个好收成。藏区农村，除了藏历年外，就数“望果节”热闹。

“望果节”没有固定的节期，一般在谷物成熟之前举行。旧时约定俗成是大雁南飞前过节，具体的日期由寺院喇嘛掐算。根据农事的安排，过节的日期各不相同，拉萨从公历8月初开始，节期3~5天。江孜、日喀则等地则在公历7月中旬。

“望果节”已有1500多年的历史。据《苯教历算法》记载，早在公元5世纪末，即布德贡杰时期，雅砻地区已开始兴修水渠，使用木犁耕地。为了农业丰收，藏王布德贡杰便向苯教教主请求赐以教旨，教主教农人绕田地转圈巡游，求“天”保丰收。这是“望果节”的最早记载。

苯教统治时期，“望果”活动，以村落为单位，全体乡民出动，在庄稼地的三岔路口燃起松柏枝煨桑，然后绕本村土地转圈游行。队伍由捧着炷香和高举幡杆的人引路，接着由苯教巫师举“达达”（绕着哈达的木棒）和羊右腿领队，后面跟着本村手拿青稞穗和麦穗的乡民，意为“收地气”、求丰收。巡游之后，把谷物穗插在谷仓或供在神龛上，祈求今年好收成。随后，进行娱乐活动，有角力、斗剑、耍梭镖等。后来，哪个教派在西藏占统治地位，“望果”活动便渗入哪个教派的色彩。

“望果节”第一天是娱神活动。村中的头人把男女巫师请上神坛，并向他们献哈达、献青稞酒，请他们降神作法。降神之后，巫师带领人们绕村子转三个圈，然后回到节日活动场地。大家在场地上熬茶，在树荫草地上尽情歌舞。

节日的第二天，藏民穿着民族服装，带着经书和唐嘎等法器，老年人和小孩子坐在马车上，姑娘和小伙子们或者背着青稞酒，或者提着酥油茶，或者拎着菜盒子，聚集在田间地头巡游。每个转田的人，都要在自己家的地里拔三根青稞穗，带回家供在谷良或神龛上，意为带来了谷物的灵魂，丰收就有了保障。转过地头之后，人们钻进树林，用石头垒成灶，燃起野火，一起跳锅庄舞，熬茶炒菜、做饭，举行野宴。然后举行赛歌、赛马、赛牛、射箭、抱石和摔跤等活动。还有一些地方的人们，打着各色彩旗，抬着用青稞穗、麦穗搭成的“丰收塔”，举着标语，敲锣打鼓，唱着歌曲，绕田边转地头。

藏族“望果节”

“雀可节”是西藏错那县门巴族民间农祀节日。门巴族沿用藏历，节日也与藏族基本相同。“雀可节”也多在每年藏历七、八月份择日举行，节期3～5天，其意为预祝农业丰收。

节日期间，每个村子都会请一两个红教喇嘛来念经，全村的男女老少要跟着喇嘛绕庄稼地一周，大家共同祈求风调雨顺，庄稼不遭虫害。在喇嘛到村子里念经祈祷期间，村子要派一个人到喇嘛家干活，作为喇嘛为村民服务的报酬。门巴族虽主要是信仰藏传佛教，但还有浓厚的原始宗教信仰残余，“雀可节”期间的许多仪式，都能发现多神崇拜的迹象。仪式过后，全村在宽敞的地方唱歌跳舞，表演一种叫做“错木”的门巴戏剧。

在西藏东南部珞瑜地区的珞巴族，庆贺一年平安和预祝来年丰收的节日名叫“旭独龙节”，又称“洞更谷乳木”，在珞巴族自己的历法的二月间举行。

节日前夕，人们忙着舂米、酿酒、宰猪、宰羊。有些地方还将宰的牛、羊连皮割成一块一块，分送给同族亲友。把牛头盖骨悬挂在自己家里，世代相传，作为辛勤劳动和富足的象征。

过节这天，由“纽布”（巫师）手执一根贴满五彩羽毛的棍子，在村寨里挥舞念经，全村人身着盛装，围拢在一起欢歌起舞，祈祷丰收。第二天清晨，雄鸡啼鸣之时，家家都要宰一只鸡，鸡肉用油炒熟后全家人分享，以祝来年全家身体健康。各种仪式结束后，各家各户

珞巴族“旭独龙节”

聚在一起饮酒吃肉，兴高采烈的小伙子，即兴跳起民间舞蹈。这些终年劳动的人们，肌肉发达，身体健壮，在奔放、粗犷、有力的舞姿中，迸发出生命的活力。夜幕降临之后，大家围坐在篝火旁，纵情狂欢，老人对歌追忆部落的古老历史，男女青年在一起借歌相互倾吐爱慕之情，一直持续到篝火熄灭。一些珞巴地区习惯在年节举办婚事，欢度节日又加婚筵喜庆，使人们沉浸在无比欢乐之中。

珞巴族的“昂德林节”，意为丰收节，也在每年收割前择日举行。临近节日，男人上山打猎，女人收取少许谷物，做熟后请村中老人尝鲜，剩下的喂狗。节日期间，全村男女共同欢宴，晚上喝酒对歌直到天亮。歌词主要是关于农业的起源和男女的贡献。珞巴族认为是男子开天辟地，才使女人们有了可以耕种的田地，女子则发现了种子，学会了种田收获了粮食，酿出美酒，保证了民族的繁衍。这一节日带有一定的宗教色彩，既庆丰收祈祥福，又祭祀祖先和鬼神。

藏族的“雪顿节”和“热贡六月会”

藏历六月底七月初，是一年一度的藏族传统节日“雪顿节”。在藏语中，“雪”是酸奶子的意思，“顿”是“宴”的意思。“雪顿节”历史悠久，随着历史演变，活动内容中增加了隆重热烈的藏戏演出和规模盛大的晒佛仪式，所以也称之为“藏戏节”、“展佛节”。“雪顿节”以展佛为序幕，以演藏戏看藏戏、群众游园为主要内容，同时还有精彩的赛牦牛和马术表演等。

17世纪以前，按藏传佛教格鲁派的规定，每年的藏历四月十五日至六月三十日为禁期，全藏大小寺院的喇嘛们不准外出活动，以免踏死杀死草木昆虫，称为“雅勒”，意即“夏日安居”。藏历七月一日是开禁的日子，喇嘛们纷纷下山，家里的亲人则带着酸奶到山上去迎接他们，在回家的路上人们吃酸奶、跳舞、唱歌，这是“雪顿节”的由来。

到17世纪下半叶和18世纪初，西藏“政教合一”的制度得到加强，“雪顿节”的内容更加丰富，节日里开始演出藏戏，并形成固定的“雪顿节”。据记载，参加“雪顿节”演出活动的有扎西雪巴、迥巴、隆尔巴、香巴、觉木隆、塔仲、伦珠岗、朗则娃、宾顿巴、若捏嘎、希荣仲孜、贡布卓巴等12个藏戏团体。藏戏渗入“雪顿节”的初期，范围仍局限在寺庙内。先是以哲蚌寺为活动中心，五世达赖移居布达拉宫后，“雪顿节”也先在哲蚌寺内进行藏戏会演，第二天到布达拉宫为达赖演出。18世纪初罗布林卡（罗布林卡，藏语意为“宝贝公园”为历代达赖喇嘛的厦宫）建成后，成为达赖夏宫，于是“雪顿节”的活动移至罗布林卡内，并开始允许群众入园观看藏戏。此后，“雪顿节”的活动不断丰富，逐渐形成一套固定的节日仪式。

每年藏历六月二十九，各地藏剧团一早到布达拉宫向主管藏戏的“孜洽列空”报到，并进行仪式表演，然后赶到罗布林卡向达赖致意，当晚返回哲蚌寺。第二天为哲蚌“雪顿节”，演出一天藏戏。七月一日，由拉萨、日喀则、穷吉、雅隆、堆龙德庆、尼木等地的5个剧团，6个“扎西雪巴”的戏班子，一个牦牛舞班子和一个“卓巴”舞即打鼓舞在罗布林卡联合演出。七月二日至五日，再由江孜、昂仁、南木林、拉萨等4个地方剧团轮流各演一天广场戏。“雪顿节”，不仅拉萨有，在日喀则也举行，叫“色木钦波”，时间晚于拉萨“雪顿节”，规模也略小。

现在，“雪顿节”的内容更加丰富。节日期间，各地藏传佛教信徒们从各地涌向拉萨，三五成群，老少相携，背着各色包袱，手提青稞酒桶，涌入罗布林卡内。节日时，有隆重的晒佛仪式和藏戏表演，除本地西藏藏戏剧团外，还有青海、甘肃、四川、云南等省的藏戏剧团来到圣城拉萨切磋戏艺。人们除了观看藏戏外，还有赛牦牛、歌舞表演等。大家还在树荫下搭起色彩斑斓的帐篷，在地上铺上卡垫、地毯，摆上果酒、菜肴等节日食品。有的边谈边饮，有的边舞边唱。期间各家开始串幕做客，主人向客人敬三口干一杯的“松准聂塔”酒，唱起不同曲调的酒歌，十分热闹。许多文艺团体也来表演民族歌舞，以此助兴。“雪顿节”已不仅是原来的宗教节日，也是人们欢娱的节日，也是一个贸易盛会和学术经验交流会。节日期间，有各种物资和节日食品运到罗布林卡内，摆摊设棚，供应游人，还有许多大型的文艺活动、学术讨论会、经验交流会也在“雪顿节”期间举行。藏族的“雪顿节”，已被列入国家首批非物质文化遗产保护名录。

流传于黄南藏族自治州同仁县境内的“热贡六月会”，充分展示热贡艺术与当地藏族、土族的独特民族风情，至今已有400多年的历史。节日在每年农历六月十五日至廿八日定期举办，热贡群众广泛参与。在热贡地区，六月会已成为规模最大、最隆重的民间传统节日，举办活动的村庄有50多个，比藏历新年更加热闹。

热贡六月会的祭神、庆祝方式是全藏区独有的，追溯其渊源尚无史料记载，民间则众说纷纭。当地的传说有两种：其一，唐蕃和解时，为了庆祝和平，守卫当地的吐蕃将军于当年的六月十六至廿五日向当地的诸守护神叩拜，并隆重祭祀，沿袭至今。其二，元末明初时，元朝的一支蒙汉混编的军队，在隆务河谷接受了明朝的招安并在当地解甲务农。为了庆祝和平安宁，他们举行了隆重的祭神活动，祈求山神的护佑，消灾去难，人寿粮丰。

“六月会”主要活动少则包括煨桑、请神、龙鼓、舞蹈、祭祀等，多则还有上口钎、上背钎、开山、爬龙杆、小品和山歌等。其中最具特色也最惊险的是“上口钎”、“上背钎”和“开山”。“上口钎”是法师为自愿的年轻人在左右腮帮扎入钢针，也称为“锁口”，据说此举可防止病从口入。“上背钎”是将10～20根钢针扎在脊背上，舞者赤裸上身，右手持鼓，左手击鼓，边敲边舞。独特节奏的龙鼓、粗犷优美的舞姿、多彩华贵的服饰、神秘虔诚的祈祷，祈盼大地丰收、百姓安康。“开山”是法师用刀划破自己的头顶，把鲜血洒向四面八方，是一种古朴奇特的祭天方式，表现藏族人民勤劳、朴实、智慧和勇敢的品格。

节日里，村民服饰焕然一新，舞者也必须身着盛装。男子头戴白色或红色高筒毡帽，佩藏刀；女子身着色彩艳丽的藏袍，佩以自然宝石作为装饰，服饰显得异彩纷呈、琳琅满目、凝重飘逸。“六月会”期间，各村寨都有大规模集体民间舞蹈，各有特色，主要分三种类型，即“拉什则”（神舞）、“勒什则”（龙舞）和“莫合则”（军舞），场面恢弘壮观，舞姿潇洒粗犷，各村轮流举办，盛况空前。各村在祭祀活动当中还要相互进行礼仪性的客演，10～20人不等的舞队在“拉哇”的带领下前往其他村庄，当到达其他村庄时，该村将组织全村人出村，举行隆重的迎送仪式，茶饭招待。而后，双方舞队在各自“拉哇”的带领下一起跳起舞蹈，共同娱神。届时也能看到不同村寨的独特的舞蹈风采。

热贡六月会

“六月会”祭祀活动中最突出的特点就是“以舞娱神”。其舞蹈规模之大、人数之多、时间之长、体系之完整规范，在当今现存的民间舞蹈文化形态中也是较为罕见的。藏族、土族人民通过跳起优美、雄健的传统舞蹈，祈求各方神灵保佑五谷丰登、六畜兴旺、风调雨顺，而百姓在节日期间也充分享受到节庆的喜悦与祈盼，充满对幸福、美满生活的向往。

热贡艺术、“热贡六月会”都已列入国家首批非物质文化遗产保护名录。

羌族的“瓦尔俄足节”和藏族的“女儿节”

羌族自称尔玛人，多居住在岷山的南侧，因依山而居，被称为云朵上的民族。地处茂县北部曲谷乡的羌族，千百年来一直流传着这样一个传说：羊角花女神莎朗，变成美丽的羌族姑娘，在羊角花盛开的五月，来到曲谷乡教羌族妇女唱歌跳舞，不久被土司气走了。为祭祀天上的歌舞女神莎朗，每年农历五月初五都要举行“瓦尔俄足节”。汉语俗称“歌仙节”或“领歌节”。因是羌族女性为主要角色的活动，当地人又称之为“妇女节”。

节前，寨中妇女围聚在火堂边制作祭祀女神的太阳馍馍、月亮馍馍和山形馍馍；由女性家长的兄弟开坛、祝辞，制作摆供品。节日当天，在舅舅带领下，前往女神梁子祭拜，先由几个妇女到山边的塔子去祭祝女神，请示女神唱什么歌，从女神那里领得关于歌舞的旨意。然后举行敬献、祭宰山羊仪式；由舅舅唱经、酬神、祈神。次日，本寨的全体妇女人人穿上艳丽的服装参加欢庆。由老年妇女领头，在本寨挨家挨户跳古代歌舞进行祝贺。每户主人都以玉米面、蒸蒸酒热情招待，逐户祝贺完后，又到场坝歌舞，共欢庆 3 天左右。节日期间，寨中有威望的老妈妈讲述歌舞女神莎朗的故事，让人们明确爱情、生育、家务等传统；男人们在旁烹饪、伺候；如果当年春夏本寨死了五十岁以下的妇女，村寨不举行此节。

节日期间的重要活动，舅舅自始至终参与其中，体现了远古时期羌族女性群体活动中母舅权大的特征，带有浓重的原始母系崇拜色彩，对研究古羌民族的文化内涵及女性习俗有重要价值。充分展现的民间文化艺术，对于研究民间舞蹈莎朗的发展、演变也有重要意义。瓦尔“俄足节”因其独特的民族风情，已列入国家首批非物质文化遗产保护名录。

而就在岷山的另一侧，甘肃文县博峪地区的白马藏族，同在五月初五这一天，也有一个让当地姑娘十分快乐的节日，当地人称“女儿节”，也叫“采花节”。该节与流传在当地的莲芝姑娘采花治病救人的传说有关。相传莲芝姑娘聪颖伶俐，勤劳智慧，教会人们垦荒种粮、纺线织布，又采来百草为百姓除病，却不幸于五月端阳在采花途中遇险殉难。为纪念她，人们便将五月初五定为“女儿节”。

节日大致有“抢水”、“采花”和“祝福”三部分，其中“采花”和“祝福”都与民族歌舞相结合。节日第一天，人们纷纷到附近山上抢泉水。抢到水后，有的捧水痛饮，有的背回家用以洗发、净身。各家的父母们把子女着意打扮一番，藏族姑娘在兄弟的陪伴下，与其他姑娘会合。到采花点后，大家一边支锅造饭，一边将新的木刀、木箭、木斧等插起来，表示要保护他们崇敬的花神，也让花神永远保佑家乡风调雨顺、人畜平安。采花开始后，姑娘小伙们结伴而行，一边唱着山歌，一边采摘各种艳丽的花朵，直到姑娘们鲜花满头。五月花开遍地，杜鹃、芍药、枸杞、草莓、贝母、酒曲等鲜花争妍斗奇，花如海、歌如潮，令人心旷神怡。姑娘们头戴味香色艳的鲜花环，手捧花束，围着篝火且歌且舞，彻夜不眠。黎明时分，姑娘们打扮得花枝招展，边走边舞，唱起《离别歌》，向莲芝姑娘道别。采花队伍进寨时，父老乡亲们盛情欢迎、款待，将采花姑娘们拥向打麦场上，大家手拉手，随着领头妇女摇起马铃声，跳起极富民族风情的圆圈舞。在节日里，采花姑娘们被视为吉祥幸福的使者，因此人们总喜欢在这一天将她们请到家里，在这些人家里跳舞唱歌，祝愿主人吉祥如意，幸福健康美满。

苗族、佤族、壮族等少数民族的“祭鼓节”

鼓的历史非常悠久，据考古发现，现今中国最早的鼓可追溯到4000～5000年前的尧时期，那时就有鼍鼓、陶鼓等。鼓从祭祀用的礼器到现在的娱乐乐器，历经演变。从产生之日起，鼓就与人类的精神生活有着非常密切的联系，人们对鼓有着非常崇敬的心情，因此在我国南方许多少数民族的重大活动中，至今仍保留或气势雄浑或壮观或神秘的鼓的演奏，有些民族则至今仍保留十分古朴的祭祀鼓神的活动。

目前全国各地仍有不少民族保留完整的祭鼓的节日。

贵州苗族的“祭鼓节”，可以说在众多祭鼓节日中最为隆重、壮观。“祭鼓节”，也称“鼓藏节”，是苗族祭祀祖先的隆重节日，据《苗族古歌》载，鼓藏节在先秦以前夏王朝时期的古三苗国就已经有了。三苗国在与夏王朝的战争中解体，苗族在往西南迁徙过程中仍然过鼓藏节。

“祭鼓节”，苗语称“牯哝江略”，意为鼓藏节，即以血缘宗族为单位的祭鼓活动。“祭鼓节”起源于苗族祖先姜央与蝴蝶妈妈的传说，传说蝴蝶妈妈是枫树生出来的，所以苗族崇拜枫树。既然祖宗的老家在枫树心里，用枫树做成的木鼓就成了祖宗安息的地方，祭祖便成了祭鼓。苗族最高的神是祖先，“祭鼓节”就是祭祀神枫树和蝴蝶妈妈。因此，“祭鼓节”成为当地一直沿袭着的一个十分重大节日。

“祭鼓节”有说十二年一祭，也有说十年一祭，原因是这与古代苗族使用十月历有关系。而后来有些地方则三、五、七、九年一届不定，却是与历史上有时遭灾而不得不改变祭鼓时间有关。据说，“祭鼓节”需要用三年时间来完成。第一年（子年）农历二月初二选出节日主持人若干，八月把旧鼓唤醒，十月造新鼓。第二年（丑年）十月第一个酉日或丑日宣布启用新鼓，摒弃旧鼓。第三年（寅年）宰牛祭祖和送鼓入鼓洞深藏。而许多有寓意的祭祀活动，均在寅年举行。而部分地区苗族的踩鼓节、翻鼓节、拉鼓节、鼓藏节，都曾是“祭鼓节”的一部分。

“祭鼓节”一般包括选树、拉鼓、斗牛、宰牛祭祖、牛皮制鼓、祭鼓等一系列宗教祭祀礼仪。祭祀祖宗用的神圣的牛皮大鼓，鼓身用整段枫木凿空而成，而后在枫木的两端蒙上牯牛皮，就成为供族人祭祀的神鼓。这种神秘的大鼓在苗乡分双鼓和单鼓两种。双鼓由大小相同的两只鼓组成，鼓身长 170 厘米，直径 30 厘米，是祖辈传下来的，平时放在久婚无子人家中。据说供奉双鼓，可使无子者得子，子孙繁衍不绝，因此求子者争相存放本族双鼓。单鼓为单只，比双鼓略为短小，祭祀时现制造现使用，鼓祭结束后，送藏山间岩洞，不再取用，任其腐烂。

贵州镇远县苗族“踩鼓节”就是由“祭鼓节”演变而来的一个独立的节日。每年农历六月第一个卯日，各苗寨逐日轮流举行，节期3天。节日当天，苗家男女老幼从四面八方汇集踩鼓场上。老人们穿着自织的青色土布长衫和新鞋；姑娘们则个个身穿刺绣有花纹图案的新衣新裤，扎围腰，佩戴银花银乌和项圈手镯之类的装饰品。踩鼓节的活动内容有赛马、唱山歌、吹木叶、走亲访友、青年社交等等。其中集体跳踩鼓舞最受人喜爱，两位姑娘两手各执一根鼓棒在鼓的两面按同一鼓点敲打。人们围着鼓手，女性在里，男性在外，踩着鼓点按顺时针方向跳踩鼓舞。舞蹈轻松热烈，动作欢快，舞步舞姿反复巡回交替，主要有“四方舞”、“中间舞”、“交脚舞”等。当舞蹈跳至高潮时，女声随之伴唱“庆祝歌”，整个踩场活动将持续到夕阳西沉。晚上，人们再度汇集踩鼓场对歌。男一边，女一边，两人唱两人和，一问一答，通宵达旦。

苗族踩鼓节

贵州清江地区的苗族“翻鼓节”，每年二月首亥日举行，节日一般持续两三天。节日前一天，“鼓头”要在自家的田里去抓鱼，如果没有就要到河里去抓，如果还是抓不到，那只有去向其他人家田里讨要。鱼是祭祀祖先必不可少的东西。节日第一天即猪（亥）日清晨，各家蒸糯米饭、宰公鸡、煮鱼炒肉，在桌上或簸箕内摆上糯米饭、甜酒、鱼、鸡、肉等祭品，烧香纸，酹酒掐食祭祖。“鼓头”家里，把同样的祭品摆在木鼓前，“鼓头”身穿花缎长衫，头戴已抽掉粽粑叶只剩竹篾骨架的斗笠（象征四季如春、风调雨顺），率参加祭鼓的人站立，鼓头念祈祷词，烧香纸酹酒掐食祭木鼓（即祖宗），然后用鼓棒敲鼓数下，仪式结束，各家与来客共同饮宴。下午4时，再次祭鼓之后，一群盛装男女，在“鼓头”的带领下把木鼓抬到寨脚河沙坝的踩鼓场架起，咚咚达达地敲响起来。踩鼓场上，首先由本寨的姑娘和小伙子们出场，围成圆圈，随着鼓点缓缓地跳起踩鼓舞，然后客寨来的青年男女们才参加进来。欢跳到黄昏，便收鼓回寨饮宴。木鼓舞有三步舞和五步舞两种跳法，动作粗犷简洁，古朴典雅，容易掌握。随着鼓点和节奏的变化，人们亦跟着变换舞步，动作时而舒缓，时而激烈，表达出苗家人对祖先的怀念和对幸福生活的向往。此后两天，有斗牛、赛马等比赛项目。年轻人则在村寨附近的山坡上成群结伙、成双结对地对唱山歌，交朋结友，谈情说爱。二月翻鼓节后，各村寨就举行“动土”仪式，开始专心春耕生产，从此禁忌吹芦笙娱乐，直到九月翻鼓节的来临。

广西融水苗寨的“拉鼓节”，13 年一祭的大节所拉大鼓长 1 丈 3 尺，再加 3 个拳头的长度；小节时拉的小鼓则长 7 尺加 3 个拳头的长度。鼓身中央钻洞，拴上一个牛头，两端系粗藤以便竞拉。拉鼓开始时，先由头戴银饰凤尾冠的寨佬带领，唱起拉鼓舞，歌中唱颂了对祖先的崇敬和民族的族源，充满神圣之感。唱毕，相互竞赛的两个村寨的人群各踞一方，拉鼓手们更展开激烈的拉鼓拔河竞赛，喝彩加油之声震天动地。谁把大鼓拉过到自己一方，便是胜利，这意味着将会得到 13 年的吉利和好运气。当拉鼓队员们把鼓拉到寨边，人们便击鼓庆贺，宰牲设宴将煮熟的肉串成一串串，慰劳拉鼓队员，胜方的队员更可得到双份的奖赏。

广西三江县苗族“拉鼓节”，在农历十月择日举行，节期也是 13 年举办一次，但拉鼓细节与庆祝方式却不大相同。节日活动以祭祖为中心，由族人推举的首事或副首事主办。节日当年之初，主办人就开始集资筹备过节用的物品，其中最重要的一项任务是制作一个长形木鼓，并将一根留有枝杈的山藤穿过鼓心，然后缚在鼓上。同时在拉鼓山顶种一棵榆木树。节日这天清晨，苗家每户派一名男子前往拉鼓山上，他们汇集在早先种的那棵树周围，并将带去的口袋挂在树上。接着由巫师念经祈祷，祈求祖宗保佑苗家平安。祈祷毕，人们抢摘树叶并将其放进口袋。摘过树叶，人们开始举行拉鼓活动。这时，主持活动的首事先坐在鼓上，再由大家推选的几个身强力壮的小伙子抬着大鼓，在芦笙队的引导下，由众人手握山藤拉着鼓沿坡而下，此刻，应邀赶来过节的亲友常在沿途抓住山藤或将藤尾系在趴边的树上，以阻挠拉鼓队伍前进，主人必须用专门准备的酒肉敬献才能得以通行。途中如此经历五六次的周旋之后，人们终于将大鼓拉到苗寨，并将其停放在寨前的平地上。接着，拉鼓人领着亲友回家，宾主围坐一起共进节日酒宴。食毕，巫师将村寨13年来死亡人员的姓名、生卒时间造册放入鼓中，然后人们将鼓安放在村寨附近的山洞，这夜，人们汇集村寨广场，吹芦笙、纵情歌舞，欢度节日。

苗族拉鼓节

贵州剑河县温泉乡苗寨的“鼓藏节”，是7年一届的祭祖节，节期3~7天，要宰牯牛祭祀天地和祖先，祭祀完以后，要把鼓藏在山洞里。鼓藏节里，选“鼓藏头”很讲究，必须是家产厚实、德高望重、夫妻和睦、儿孙满堂的男性家长，可1~2人。同时，各村寨的一房、一寨的几十户或上百户共选一头或两头角尖、角圈、旋毛，又膘又肥、又好斗的牯牛。鼓藏节将临的一二年间，各寨各族都已选好了鼓藏牛。次日黎明，即举行祭祀仪式后宰牯牛。宰牛时，族中择定一人将牛鼻绳捏紧，把牛头举高，择一大汉手持锋利的砍牛刀，使劲向牛颈一刀划去，牛血喷射丈余。牛冲跑数步即倒。如牛血溅砍牛者之身，为吉兆。若牛血喷满其身，砍者为不吉利，有祸临头。仪式后，牛肉牛皮，肠肝肚肺，按户平分给各家作祭品。但藏鼓的仪式反而逐渐淡化了。

贵州榕江县都柳江苗族则过“牯脏节”。当地苗族认为用大牯牛的皮制成的大鼓，是祖先亡灵所居之地，为一个血缘家族的纽带和象征。节日在历史上关系较密切的各村寨间进行，牯脏节也有小牯大牯之分。小牯每年一次，时间多在初春与秋后农闲季节，吃牯村寨宰猪宰牛邀请亲友聚会，其间举行斗牛、吹芦笙活动；大牯一般13年举行一次。

木鼓是佤族特有的祭祀器物，佤语称“克拉”，这种鼓型特殊，一般选用木质坚硬、纹理细密的红椿、花涛木或红毛树挖制而成。鼓身开有中间窄、两头宽的音槽和方型音窗，鼓身长且大，横截面直径50厘米以上，重可达一千多公斤，常由四人各持双木槌敲击，声音宏大，可传数里。主要用于宗教活动，庆祝丰收、欢迎狩猎归来、报警或其他功用。佤族视木鼓为至高无上的通天神器，是山寨村民赖以生存的保护神。

拉木鼓包括祭祀选树、砍树、制新鼓、拉木鼓、跳木鼓、祭木鼓等仪式。具体日期由“魔巴”（祭司）占卜决定，砍的树也要通过占卜决定。节日头一天，每家要出一男子，在头人和“魔巴”带领下乘黑夜赶到事先选好的高大红毛树下，举行祭祀（献祭、驱鬼、念咒祈祷）后，朝树上鸣枪驱树鬼，“魔巴”挥斧砍几下，然后由其他人连夜把树砍倒，捡三个石头放在树桩上，意为给树鬼的买树钱。再按所需木鼓尺寸截断树干，凿出鼓耳，系上藤条。第二天清晨，全寨男女老幼身穿盛装，上山拉木鼓。“魔巴”右手举树枝，领唱“拉木鼓”歌，指挥众人协调动作。人们在木鼓经过的地面泼洒水酒，拉木鼓的男人一边拉，一边歌舞，其他人或呐喊助威，或送酒送饭。

这一天的拉木鼓，男女同拉，互挤在一起，据说是谈恋爱的好时机。一边拉，一边歌舞、逗趣，要闹很久。因为木鼓是神器，所以必须直行，把木鼓毛坯拉到寨门外停放两三天。“魔巴”杀老鼠和鸡祭祀，然后才拉到木鼓房边场地上，交给木匠制作。木鼓做好试敲满意，人们把它抬入木鼓房后，再次狂欢，人们合着鼓点，跳起粗犷的木鼓舞。

除木鼓外，铜鼓也被我国许多南方少数民族视为古代最宝贵的一种神器，并将其视为财富和权力的象征，也是祭祀、宴享、传信及伴奏的主要乐器。铜鼓是大约在公元前7世纪前后由珠江流域的濮人从炊具铜釜中创造的打击乐器。此后铜鼓向北传入四川，向东传入贵州和广西、广东，向南传入越南北部，向西传入缅甸、泰国，至今已流传了两千多年。现仍有一部分地区和民族还保存着使用铜鼓的古老习俗。贵州南部和广西西北部接壤的红水河流域是保留铜鼓文化最丰富的地区。目前分散在苗、瑶、壮、布依、土家、水、黎、佤、彝等地少数民族的铜鼓都还有留存。据调查，铜鼓数量保存最多的广西河池市大约还有1400多面。

苗族铜鼓

铜鼓的使用，除祭祀、庆典外，主要用于各少数民族人民的歌舞伴奏，也在各种各样的节日里进行表演比赛。贵州黄平县苗族，用铜鼓伴奏“踩鼓舞”；广西东兰、天峨等地壮族群众每年过三月三和春节，都安、巴马、大化等地瑶族群众过“祝著节”，南丹瑶族举行葬礼祭祀以及南丹中堡苗族过春节或遇上喜庆时，都以高低两面铜鼓与一面皮鼓合奏“铜鼓乐”，表示庆贺或悼念之情。而广西东兰壮族山寨，则以四面形制高低不同、音色各异的铜鼓交错演奏；云南佤族跳象脚鼓舞时，用铜鼓、象脚鼓、大小铓锣、铙钹合奏；贵州苗族用铜鼓、笙伴奏歌舞。

铜鼓作为古代少数民族的一种重要神器，在许多少数民族的祭祀活动中使用非常普遍，而且至今仍有不少民族专为铜鼓过节日。

广西壮族自治区的东兰县隘洞及长乐一带的壮族，分别于每年农历正月初一、十五、三十日举行铜鼓节。届时，青年们把铜鼓抬上山顶，安放于固定的木架之上，进行敲打铜鼓比赛。赛前要举行传统的祭祖仪式。比赛时，公鼓（大鼓）对公鼓，母鼓（小鼓）对母鼓。每组三人，轮换着敲打，鼓声不能中断。以打得动听、持久、响亮且鼓面不裂作为决定胜负的标准。击鼓比赛进行的同时，青年男女们放声对歌。鼓声、歌声、笑声此起彼伏。比赛结束，人们摆出从家里带来的粽子及其他食物，在山坡草地上野餐。

广西山林县一带的瑶族铜鼓节则在每年农历正月初三至三十日举行，其中以初三、三十这两天为高潮。初三，是揭鼓典礼，人们把头年埋在地下的两面铜鼓挖出来，摆在坪子中央，揭鼓活动由村寨中最有威望者主持。届时，全村寨的男女老幼，身穿节日盛装，带上猪肉、糯米饭、米酒来到鼓坪。铜鼓一挖出来，唢呐、长号齐奏，鼓声大作，人们围着铜鼓翩翩起舞。鼓手站在两个铜鼓之间，用一根粗藤制成的鼓槌，有节奏地交叉着击打铜鼓，为人们伴舞，人们热烈庆贺铜鼓节开始。到三十日，全寨人又集中到一起，举行收鼓仪式，人们把铜鼓重新埋入地下，同时宣告一年一度的铜鼓节结束。

而贵州省黔南地区水族的铜鼓节则要晚一些，主要在清明节后第一个卯日举行，当地的铜鼓节与祖先联合狩猎的传说有关。相传水族祖先来到该地区时，虎豹成群，人们深受其害，各地头人聚集在一起商议，决定在清明节后卯日这一天，各地同时敲起铜鼓、吹起牛角，四面鼓声震天，群兽受到惊吓，然后猎手们一齐出击围剿，终于消除了兽害。为了欢庆胜利，感谢鼓神，人们就在这天举行祭祀铜鼓的欢庆活动。节日当天，人们举行赛马、跳芦笙舞、对唱山歌等多项民间文艺娱乐活动，其中演奏铜鼓、鼓舞以及敲击铜鼓比赛是节日期间的主要活动，而铜鼓比赛则是最受人们喜爱的项目。

云南土坪里哈尼族的鼓节是“铓鼓节”。节日期间，家家户户都把酒席端出来，沿巷子摆成长龙，叫长街宴。头人举杯祭祀，祷告如仪，宣布宴会开始，全寨人齐声高喊“阿毛坳姆!”，意思是“过年好”。席间，青年男女身着节日盛装，欢快地敲起铓鼓，跳着铓鼓舞。而云南西双版纳等地少数民族的傣、佤、景颇、德昂、布朗、拉祜、哈尼等民族打击乐器象脚鼓，虽没有专门的节日，却是节日的常客，象脚鼓常与锣、镲合奏，中、小象脚鼓，表演者可边舞边击。

而与西南地区诸多民族有渊源的羌族则有一个“皮鼓节”。在古代，羌族先民崇拜羊神，羊皮鼓就成为羌族巫师释比作法祭神、驱鬼时用的法器，释比敲打羊皮鼓方能记诵出要念的经文。羌族的“皮鼓节”来自于一个古老的传说：相传很久以前，羌乡常遭旱灾，粮食颗粒无收，羌民到处逃荒要饭。尽管人们对老天爷烧香许愿，然而旱情并没因此结束。后来听说天旱是旱魃妖精作怪，只有赶走旱魃，方能风调雨顺。于是羌民借助神威，把羊皮绷成鼓，挑选一批壮实小伙，到深山老林去边击鼓，边高声呐喊，要把旱魃赶出山林。声音震荡山谷，不久大雨果然降临。人们欣喜若狂，更猛烈地敲击皮鼓，嘴上发出“嗬嗬”的叫声，庆贺战胜旱魃的胜利。以后时逢天旱就找一小伙子装扮成旱魃，躲进深山，然后一群小伙子敲着羊皮鼓上山去驱赶旱魃，边敲边高声呐喊，直至老天下雨为止。后人为了纪念，就在闲时把羊皮绷成皮鼓来敲击伴舞娱乐，并形成了羌族地区喜闻乐见的皮鼓舞。皮鼓舞是当地许多祭祀、节庆里的必有节目。

湘黔桂山地的“四月八”

中国人对双数有着特殊的好感，农历四月初八更是一个大吉大利的日子，因为这天是传说中佛祖的诞辰、牛神的生日，因此很多少数民族在这天举行各种节日庆祝活动。而特别有趣的是，在我国西南的湘黔桂山地，在这天居然同时过着许多内容不尽相同的节日。

贵州省中部和湖南省湘西地区苗族都过一个节日叫“四月八”，这是一个以日期命名且节日活动最为隆重、热闹的节日，节庆活动在贵阳市喷水池边举行。四月初八是苗族民族英雄亚努的牺牲日。相传很早以前，苗族英雄亚努率领苗民揭竿而起，但最终在农历四月初八不幸牺牲。苗族每年都来这里纪念他。湘西苗族也流传这天是反抗外族斗争英雄死难的纪念日。贵阳附近 7 个县的苗族群聚在此。节日当天，小伙子吹着芦笙、洞箫、笛子，跳起芦笙舞，姑娘们则穿着盛装，在芦笙的伴奏下翩翩起舞；有些老年人则吹长号、击鼓，以增加节日气氛。活动期间经常举行要狮子、玩龙灯、打球、比武、对歌、芦笙、舞蹈比赛。经过逐渐演变，喷水池会还发展为一个周边居民的贸易集会，并且举办各种文艺、杂技、体育活动，已成为苗族及周边百姓集会、交友、娱乐的大盛会。“四月八”节在川、鄂、湘、黔等地的其他地区苗族中也广为盛行。

与贵阳、湘西苗族一样，邕江流域的南宁、邕宁、武鸣、宾阳、横县等地的壮族也把这天当做纪念英雄的节日。节日的纪念对象是李亚王，因不堪洪灾和官府的增租加税，率民在逃军山下起义，后寡不敌众，逃到山上，第三年的四月初八全体起义者饿死在山上。当地居民每到四月初八到山顶来纪念他，相沿成习，成为邕江河畔人民最隆重的节日。现在周边的壮民便在农历每年四月初八，盛装打扮，登上逃军山顶，先烧香祭祀李亚王，然后开始跳道公舞、师公舞、采茶舞、山歌舞，青年们对唱山歌，纪念壮族英雄。

广西西北部东兰、凤山一带、红水河流域的壮族则将这天定为“拜秧节”或“插秧节”。这天请道公到田里赶鬼，各家要宰鸡到田头祭拜秧苗，以祈祷秧苗茁壮成长，然后开始插秧。有的人家这天到河边捡拾“脱马腾”当汤圆煮着吃；有的地方则要开塘捉鱼，吃“鱼生”，并修理犁、耙等准备耕田插秧。该节日是为了怀念能歌善舞、心灵手巧、插得一手好秧、勇敢顽强却被当地土司迫害致死的秧妹。因此，每年在秧妹死去的四月初八，人们便到田头祭祀秧田，用一根芒杆插在新插完的秧田边，杆下吊着纸串，下面放一团糯米饭和一个鸡蛋，并焚香烧纸，祈求秧苗无虫无灾，茁壮成长，能够丰收，后来代代相传演变，成为当地百姓祈望丰收的习俗。

生活在黔岭山地的布依族，每年农历四月初八，则要隆重祭祀牛神，过牛王节。而黔西地区的布依族也与东兰壮族一样过“开秧节”，祭祀秧神，开展丰富多彩的民族娱乐活动，为插秧做许多准备工作。

而在湘黔桂边境的许多民族，则在四月初八为女性过节日。比如侗族的四月初八叫做“女人节”，也有地方叫“乌饭节”。这天，男人们多去参加斗鸟、赛马等娱乐活动，寨里只留下女人。已出嫁的妇女在这一天纷纷回家看望母亲，同时带上自制的乌米粑粑送给娘家的姐妹，同她们一起重温在娘家做姑娘时的温馨岁月。而四月初八吃乌饭这个古老的风俗，据说是为了纪念侗家女英雄杨八美。乌饭是用一种带黑色浆汁的叶子渍水，把侗区特产的“糯禾米”染黑，蒸煮而成的。

而该地区有些少数民族，则把这天举行的节日叫“姑娘节”，已出嫁的姑娘也回到娘家，与自己家的亲姊妹和姑嫂们欢度佳节，同时与姊妹们唱歌说笑，共同制作一种节日食品——乌饭糍粑。在她们回婆家去的时候，还要带着许多乌饭糍粑，分赠给亲友吃，也好补偿“姑娘节”这一天小伙子们的寂寞。当然大多数侗民也没忘这天是牛的生日，对牛倍加爱护。

湖南省江永县一带瑶族则把农历四月初八叫做“阿妹节”。正如瑶歌所唱：“插秧忙到四月八，阿妹洗手做糍粑，麻线织出十多锦，鸡蛋上面画彩画。”这一天，姑娘们可携带自制物品，如在壳上画有花边图案的熟鸡蛋、雕有不同花样的糍粑、用蜂蜜拌熟米粉熬成的糖果上用黑白芝麻镶出头巾图案的“三花食品”，以及花生、板栗、熟肉，等等，到山野里说笑嬉闹，追逐游戏。这种姑娘们在山间的娱乐活动，名义上是不许男青年参加的，但小伙子们往往前来偷看。如被发现，姑娘们喊出小伙子的名字，他就要为姑娘们捡柴火、寻野果、烤食品、摘山花等，作为一种“惩罚”，当然这也是小伙子们非常愿意接受的“惩罚”。

瑶族鼓舞

除此以外，广西龙胜红瑶则在四月初八举行“红衣节”。红瑶是因其身穿绣工精巧、色泽鲜艳的衣裳而得名，而这天也正是红瑶姑娘亲身展示自己高超技艺的日子。节日当天，姑娘们都穿上自己最漂亮的“红衣”来参加活动。胸挂银牌，腰扎七彩带，头戴黑色菱形方巾，美艳多姿。未婚姑娘，头发交叉、盘亘、平绕在头上，包头巾时要在前额露出菱形。而已婚的女子，头发则交替盘绕，在额前盘一个发髻，菱形藏在头巾里，头饰中有明显不同的象征符号，免得男青年在交往时找错对象。

广西小广一带的侗族盛行养蚕，这一天过的是“采桑节”。关于此节的由来还有一个关于姑娘、小伙采桑对唱相爱的美丽的传说，因此，四月初八这一天，姑娘们全部上山采桑叶，小伙子们也一起来帮忙，大家有说有笑十分高兴。为报答小伙子们的辛勤付出，姑娘们还要下河捕鱼招待。这一天是姑娘和小伙子们最开心的一天，每年这时候周边的青年男女都聚集在一起玩耍、唱歌。其实这一天，盛装打扮的青年男女，三五成群地上山，名为采桑叶，实为寻觅意中人。

土家族的四月初八有四种不同的过法。一是庆祝佛诞日。用红纸书写驱毛虫的毛娘帖，上书“佛生四月八，毛虫今日嫁；嫁出青山外，永不归我家”，或书“佛生之期，文昌之笔，嫁尔毛虫，永无踪迹”，祈求莫起病虫害，保护五谷丰登；二是纪念牛的生日，过牛王节；三是若逢立夏，人们便到山上去扯笋用来下酒，名为助力或接力。意取竹笋节节拔高，长得坚韧有力；四是这天若逢辛卯日，则是吃新节，要摘早熟的豆类、瓜果，祭祀祖先和土地神，祈求祖先和神灵保佑年年丰产。

苗族、侗族、布依族、彝族、壮族等少数民族的“敬牛节”与“斗牛节”

一、敬牛节

中国人在祝福或祈祷畜牧业丰收时，最爱说的吉利话就是“六畜兴旺”。六畜牛为首，牛与人类的生产生活有着十分密切的联系，因此在民间传说故事中到处可以看到牛、牛神的身影。相传中华民族传说中的重要人物，炎帝的后裔蚩尤，就是“牛首人身”，汉代以来的蚩尤像多作牛首，而今西南地区的苗族则多传为蚩尤后裔。在中国南方的稻作文化区，人与牛的关系更为密切，因此各地都在农历四月初八——传说中牛神的生日这天举行各种敬牛的节庆活动。

布依族就在传说中牛王生日这天过“牛王节”，也叫“牧童节”。

贵州荔波一带，每逢这个节日要做黑糯米饭敬“牛王”，而望溪县一带则要给牛喂四色糯米饭，有的地区不但要做糯米饭还要宰鸡备酒祭祖，并用鲜草包糯米饭喂牛，把牛牵到池塘或溪边洗澡，让牛休息一天，表示人们对耕牛的爱护和酬劳；独山黑寨与荔波、阳凤两县交界地区，家家户户用苦丁茶、紫泉酒和五色花糯米饭等敬牛、喂牛，还要用枫叶水给牛洗澡，以示慰劳。布依族在“牛王节”当天，除举行隆重的祭祀和庆典、用酒和糯米饭喂牛的仪式外，个别地区还要举行斗牛、赛马、对歌、跳舞等娱乐活动。

壮族地区则把敬牛的节日称做“牛魂节”，也叫“牛王节”、“脱轭节”、“牛王诞节”，节日多在农历四月初八，但也有在五月五、六月六或七月七举行的。壮族地区相传：牛曾是天上的神物，奉旨到人间播百草。牛王脑瓜笨，命它三步撒一把草，他误认为一步撒三把草，结果杂草遍及大地。结果天帝罚它不许再上天庭，在人间永远吃草。而四月初八是牛王诞辰日，牛王要到凡间探视耕牛，保佑其不患疾病瘟疫。还有的说法是耕牛在春耕期间被人呵斥鞭打而失魂落魄，过“牛魂节”意为慰劳耕牛，为耕牛招回魂魄。

因此在壮乡不管四月初八农活多忙，都要让耕牛休息，不准骂牛更不准挥鞭打牛。认为倘若打牛，把牛魂惊走，就会影响农事。壮民在牛栏门口贴四方形红纸，设桌祭祀，同时家家户户要蒸煮五色糯米饭过节，并给牛吃甜酒和五色糯米饭。人们把牛牵到水草丰茂的地方，让牛自由自在地吃个饱，主妇清扫牛栏，撒上石灰，放上新的干草。牧童则轻轻为牛刷背，让牛舒舒服服地过节日。节日里，人们聚在一起唱歌，敲击铜鼓以示庆祝。

布依族敬牛节

广西东兰县壮族，在这一天要拿下牛鼻绳，脱下牛轭和竹筒铃，给牛洗澡、梳毛、捉虱、擦痒。中午，各家在堂屋摆上酒菜，举行传统的敬牛仪式。由老人牵牛绕桌一圈，边绕边唱“牛啊我的宝咯，牛啊我的财咯，稔子花开了，阳雀鸟叫了，春水弹琴了，禾苗封峒了，脱轭节到了，我把你来敬，我把牛脱轭，让你喘口气，让你歇歇脚，吃口好饲料，听我唱牛歌。”唱罢，喂给牛一团五色饭和一块腊肉。接着唱述牛的来历，唱完再给牛喂上一次腊肉和糯米饭，全家人摸摸牛背，说些吉祥祝福的话，送其回圈，添喂上好饲料。

广西龙胜壮族村民四月初八要宰猪到牛王庙祭祀，祈求耕牛健壮，五谷丰登。有的地方还要请长者高唱牛歌，如：“惜衣方有衣服穿，爱牛才有五谷收，奉劝世人惜耕牛，人畜两旺乐悠悠。”在这一天，不准骑牛，如发现牛偷吃庄稼，也只能悄悄牵走，绝不可以大发雷霆。

此外，广西壮族农家还有在每年农历正月初一早晨到河边“牵牛”的习俗。正月初一，让小孩到河滩边牵“石牛”回家。他们认为凡是有孔的石块，就是“石牛”，可以用牛绳穿着，牵回家中“养”在牛栏里，小孩们边找边唱《请牛歌》，当地人认为把“石牛”请回家，可保来年六畜兴旺，并免遭瘟疫之灾。

广西龙胜侗族则在每年立春时举行“闹春牛”，也称“舞春牛”。耕牛被看做是侗家人的“生命”，因此，对耕牛的爱护尤为深切，对耕牛的感情特别虔诚。立春这天，各家各户都要给耕牛修缮栅圈，把耕牛从山上牵回来，添上青草、糯米粑等上好饲料，还要洒上点酒。有手艺的人还要破竹篾，打灯笼，忙着制作“舞春牛”的道具。傍晚，侗寨锣鼓喧天，人流涌动，队伍的最前面是两个灯笼，上面分别写着“立”、“春”两个大字，后面是由两个小伙子合舞的“春牛”，牛头用竹编纸制作，并挂上大红花，牛身用棉织物做成，呈毛茸茸的牛身状，“春牛”后边是一群农夫、农妇的扮演者，扛着犁耙、挑着木柄、送茶送饭，还有捕鱼捞虾的。这支代表全寨的队伍，把“春牛”舞到每家每户，象征着把吉祥的“春牛”和来年的丰收送到各家各户。每到一户，领舞人要向主人说几句吉利话，如“春牛登门，风调雨顺”等，主人则喜笑颜开，为“春牛”鸣放爆竹，并献以糖、红包等，以祝“春牛”健壮平安。转完全寨各家，“春牛”队便来到寨中空旷地开春牛舞会。在锣鼓伴奏下，跳模仿耙田、施肥、播种等农作舞蹈，围观者一面为“春牛”鼓掌喝彩，一面以对歌形式提出一些农事知识问题，“春牛”以歌作答。最后，“舞春牛”又转入热烈的对歌活动，你问我答，你唱我和，内容多为农事节气知识，场面非常热闹。

侗族还有一个敬牛的节日叫“祭牛神”，又称“洗牛身”，举行的时间不定。有的在农历四月初八，有的在农历六月初六。节日一到，家家户户宰鸡宰鸭来做美味佳肴。当天主要活动是将牛拉到河边，洗去牛身上的泥垢。然后将鸡、鸭的翅膀毛插到牛圈旁，祈祷耕牛清洁平安。为什么要过“洗牛节”？侗族传说牛的功劳很大，说的是牛王把玉皇圣旨的“一天一顿饭”错传成“一天吃三顿饭”。人间天天为吃饭发愁，牛王感到内疚便下凡替百姓干活，勤勤恳恳为人类拉犁、拉耙，才使百姓生活好转。为感激牛，侗家人确定每年六月初六为牛洗身，为牛添加上好饲料，让辛苦了一年的耕牛静心养身，此后沿袭成节。

广西北部地区部分瑶族过的“牛头王生日”，也是四月初八。节日里都要给牛吃糯米饭，让牛停止劳作休息。花篮瑶族每家做1～5斤黑糯米饭，并用猪肉、鱼祭牛神。全州、灌阳一带的瑶族则要备酒、宰鸡、吃黑糯米饭，为牛过生日，祝牛不生疾病，长得健壮。红瑶也是要求这天不许使用牛，要给牛吃一团用乌拉叶、枫树叶煮的黑糯米饭。平地瑶、山公瑶均煮红饭（甜饭）祝贺牛的生日。

广西罗城等仫佬族四月初八过的是“牛栏神节”。这天有些人家要举行驱逐蚊子和苍蝇的祈禳活动。天快亮时，家中一位老年妇女，趁家人还未起床，便赤身裸体，悄悄地开了大门，用预先备好的染色糯米饭一团，烧香化纸，供祭祖先。接着，以雨帽扇风，以枫树叶抽打，在屋内驱逐蚊子和苍蝇，将它们撵出屋外。毕后，把枫叶插在门槛上和祖先香火旁，然后关上大门。再把供神的糯米饭，放进一个陶坛里，加上盖，意为把蚊子和苍蝇都关禁起来。三天之后，才许揭盖。民间认为，经过驱蚊蝇祭可以减少蚊子和苍蝇对家中人畜的侵扰。这一天，无论农活多么忙，都要给牛“放假”休息，家家户户把牛洗得干干净净，将牛栏清扫一新，并宰鸡、鸭，备酒肉祭“牛栏神”，要给牛吃上好饲料，做好的黑糯米饭，要先请牛吃，之后人才能吃。家境好的人家，还沤制黄豆、玉米，拌入鸡蛋喂牛，对牛爱护备至。

在云南南部地区，每年的四月初八，当地的壮族、侗族、瑶族、苗族等少数民族群众都要上山采集几种树叶，用烧开的水做一锅紫红色的糯米饭，称为“马饭”。饭熟之后，人们要盛一碗这样的饭，并放上几块煮好的腊肉，先给牛吃，然后人才能吃。不管农活多忙，都要让牛休息。小孩清早就把牛放出栏，送到绿草如茵的山冈；老人告诫不准挥鞭打牛，让牛自由自在地度过生日。栏内清除粪便，撒上石灰，做到栏干草足。有的采割新鲜草料喂养耕牛；也有的用盐水淋湿草料喂养；富裕的农户，泡制甜酒或杂粮酒，或者在酒里敲几个鸡蛋，用竹筒灌喂耕牛；有的用篦子梳去牛虱，用茶油涂伤口，精心护理，做得很是周到。

土家族则把敬牛的节日称做“牛毛大王节”，时间多选在每年四月初七或十七、初八或十八这几天。节日的来历是因为当地流传着“牛王为人请命”的传说。传说内容与侗族传说大同小异，土家人为感谢牛王为人谋福之恩，择日过牛毛大王节。当天让牛休息，并配以精良饲料，有的人家还给牛披红挂彩，人们盛装来到牛王庙，供酒、肉、米粑，并焚香祭祀牛王，同时放鞭炮、吹唢呐、跳摆手舞。家里还摆筵席招待出嫁的姑娘和至亲好友。

仡佬族，也是一个十分爱牛的民族。由于仡佬族多居住在山高石多的山区，生活贫困，耕牛十分珍贵。耕牛不仅耕地还用于运输、推磨等劳作，是仡佬人的重要劳动依托。有些地区仡佬族人甚至不吃牛肉，连使役时也不鞭打耕牛，只是口头上吆喝吆喝而已。因此仡佬族普遍在传说中的牛王生日十月初一过“牛王节”，给牛做寿，酬谢耕牛。

仡佬族爱牛至深，因此关于牛的节日的传说也非常生动、丰富多彩。宋代朱辅著的《溪蛮丛笑》里就有仡佬族人民把耕牛当做神的记载。他们选择在十月初一过“敬牛菩萨”或“祭牛王”节。居住在贵州省仁怀、遵义一带的仡佬族，节日这天，要宰鸡备酒，点香燃烧纸钱，在牛厩门前敬奉牛王菩萨，祈愿它保佑耕牛身体健壮，无病无灾。凡养牛的人家，到了这一天都要停止使役，让牛在家休息。并且要把牛厩收拾得干干净净，垫上厚厚的软草。用温水给牛洗澡，用最好的牧草和饲料喂牛，同时，还要用上等糯米做两个糍粑，分别挂在牛的两只角上，再把牛牵到水边，让它从水中照见自己的影子，使它兴高采烈。然后取下糍粑，让牛吃掉。如果附近没有水塘、水井、水田的话，也要打盆水放在家门口，让牛照影子、吃糍粑。有的地方，还要放一串鞭炮，给牛披红挂彩，表示祝贺。没有养牛的人家，也要备办酒、肉、香、烛、纸钱，到自家的田地边祭祀牛王菩萨，祈求它保佑自己早日买上耕牛，或租借别人的耕牛使用时顺顺当当，耕起地来又好又快。

云南鹤庆、剑川一带的彝族在农历七月初七举行敬牛节，当地称为“拉麻节”，彝语意为“贺牛神”。当地的节日仪式选在鹤庆、剑川两县间西山上的牦牛洞前。洞口上方的石壁形如牛头，传说是牛的化身。节日清晨，人们手举白栗叶，从四面八方汇聚到这里，将食品供于石头下的供桌上。然后呼喊“牛王醒来吧！”再把白栗叶堆放在石洞内，由一位德高望重的老人将其点燃，人们围着火堆歌舞。随后，在洞外草坪上举行拉麻仪式。草坪中央点一堆火，一人头戴牛头面具，身披棕衣扮演牛王，围绕火堆模仿牛的各种动作。一人拿着牛绳套，做出准备“拴牛”的样子。还有人拿着竹筒象征性地钻到“牛腹”下挤牛奶，以讨吉利。其余人随之歌舞，并向“牛王”抛撒粮食。围观者拍手助兴，祝愿人们逮住“牛王”。而“牛王”则东躲西闪，毫不驯服。这时，头戴簸箕形毡帽，身穿羊皮袄，手持放羊鞭的牧人上场，身后还跟着一群舞花环的姑娘。姑娘们围着“牛王”起舞。把花环、花束挂在“牛王”身上。然后，用青松扎成大轿，抬着牛王出游各寨，以示把吉祥和幸福送到各寨。晚上，各寨在村中心的平坝上点燃7堆篝火，人们围着篝火吹牛角号、击牛皮鼓，表演耕种、收割的舞蹈庆贺以感谢牛神。各家各户还要单独举行贺牛仪式：先由家长点燃火塘，家庭成员按辈分依次往火塘中加四根柴火，摆成井字形。女主人将一个装有各种粮食的斗摆在火塘前，再用红线扎成四束寸长的稻草置于斗的四角，斗梁上点一对蜡烛，放一些供品。男主人宰一只红公鸡，滴鸡血于斗内，斗梁上粘三绺鸡毛。然后，全家抢着斗唱“牛长寿，人长寿，庄稼大丰收”，绕牛栏一圈。同时，女主人将一张画有一头耕牛，牛角上站着一对童男童女的“吉祥图”贴在牛栏门上。最后，全家在牛栏外席地共餐，并给牛喂些糯米糍粑，以示与牛同乐。

云南西北山区彝族的“颂牛节”则在每年立冬日举行。传说立冬是天牛下凡效劳人类的日子，所以在这天举行歌颂牛的功劳的活动。届时，各家各户要把耕牛全部赶到牛神崖前的草坪上集中。草坪上围插 12 根松杆，上边挂满用红绸缀着的各种粮食，中心放有一个大簸箕，内盛用洋芋制成的黄牛和用萝卜制成的水牛模型。这些“牛”用荞梗或玉米秸做腿，荞粒或玉米粒做眼，麦穗尖做角，用玉米糕和切成段的燕麦秸作为牛的饲料。活动在一位老歌手带领下开始，大家牵着挂红绸的耕牛，绕簸箕踏歌而舞。歌唱耕牛的功劳、歌颂精心饲养耕牛的人以及当年获得好收成的人家。最后，按成绩大小，老歌手把“牛”和“饲料”奖给牛的主人。饲料当场用来喂牛，“牛”则装在用彩带编制而成的“牛轿”中。之后，大家赶着耕牛载歌载舞，游村过寨。

黎族虽没有关于牛王生日的传说，他们选择每年农历七月或十月间的“牛日”为牛过节。在海南保亭、乐东、琼中、通什等地区，这一天要在“亩头”（辈分最高、年事最长的男子）家中敲锣打鼓为牛招魂，“亩头”夫妇要用盆洗宝石（黎人视宝石是牛魂的象征和发展牛群的福气），“亩众”（即群众）在牛节要跳“总兵舞”，以庆祝牛群的发展。

西双版纳勐腊县境内的克木人则敬重水牛，无论在水井上，还是在屋檐下，都要制作一些水牛头图案，供人们敬奉。每当栽完秧后，克木人为了感谢水牛一年为人们耕作的辛劳，要选一个吉日过水牛节。过节这天，主人要把牛拴在自家的竹楼下，在两只牛角上吊上红花，然后，又在两只牛角上各点上一只蜡烛。主人边抚摸着水牛，边说些感谢牛为人们耕作辛劳的话，还要在水牛前宰一只公鸡，并将一点鸡血涂在牛角上。鸡宰好煮熟后，主人要包一团糯米饭、两只鸡翅膀、一些盐巴和栽完秧留下的一把稻秧给牛吃。主人边喂牛边撒酒合掌，祝愿牛无灾无病，来年更好地为人们耕作。

云南省施甸县布朗族的敬牛习俗比较特殊，要给牛洗去脚迹，但又不是真正将牛的脚洗干净，而是由村中的老人头戴斗笠、身披蓑衣，代替牛神。节日在每年农历五月初五举行。这天老人和头人头戴斗笠，身披蓑衣，手执杨柳、黄泡树枝、桃枝等扎成的扫把，扫一下门庭，以示祝福主人平安、洁净，并牵一头小羊在村中转一周，把一支支用红纸做成的“小幅”插在各家门前。被祝福的户主，应把洁净的水泼在老人和头人的身上，意为洗去牛脚痕迹。游完全村后，老人和头人把小羊牵到村外大树下宰杀，由每户凑一碗米，煮成羊肉稀饭，全寨人共同享用，以祈祷平安。

纳西族的洗牛脚会则要实际一些，节期也长些，一年两次，一般在农历六月廿日至三十日和农历九月十日至三十日之间择日举行。选定节日当天，无论农活多忙，各家也要让耕牛休息，并给牛洗澡刷毛，做 12 个麦面饼子给牛吃，并在牛角上挂一串小饼，另外还要添加质量上好的青草让牛吃，以酬谢耕牛一年中的辛苦耕作，并祝愿它在农用时更加健壮。而附近的普米族则选择在小麦播种完毕的农历九月举行洗牛脚会，并为其举行象征性的庆祝活动，以表对终年劳累的耕牛的谢意。

云南省兰坪县岩头乡傈僳族也有为了感牛恩而过“敬牛节”的习俗，节日在每年农历六月初五举行。传说牛神见傈僳族民以苦涩的野果为生而生同情之心，背着玉帝把五谷种子撒向人间，玉帝盛怒之下把牛推下人间，而牛看人劳作太辛苦，又主动出来拉犁；为确保丰收，每年栽种完后还要上天请求玉帝不要放下各种灾害。傈僳族为了感激牛的莫大功劳，便在每年六月初五，春种结束后给牛洗澡，之后，煮一锅放有盐的稀饭喂牛，最后，由家中最年长的妇女为牛祈祷，也请它在玉帝面前多多求情，不降灾害。而且在除夕夜、尝新节时，都会给牛喂盐，以示对牛一年辛苦的犒劳。

羌族则在欢度农历十月初一的“羌历年”时祭祀牛神和慰问耕牛。这天羌族百姓都提酒拿肉，到牛王庙宰鸡还愿。还要在牛颈上挂着玉米馍馍或小麦馍馍，全天用馍馍和好麦草喂牛，以示慰劳。甚至有些地方干脆将羌历年称为“牛王会”。

毛南族也在最隆重的“分龙节”里，给耕牛喂一份糯米饭和一块粉蒸肉以示慰劳，祈盼当年农家硕果累累，五谷丰收。德昂族则在“尝新谷”节时，用芭蕉叶或冬青将新、老米煮成饭和菜包成饭团，居然先喂水牛，然后才供佛，可见牛神在德昂族心目中的地位。

二、斗牛节

西班牙有著名的“斗牛节”，中国也有。中国民间斗牛，并不只是戏牛取乐，而是以斗牛的方式，表达农耕民族的爱牛、敬牛、拜牛的深厚感情。在威武、凶悍的斗牛过程中，体验牛的力量美，惊心动魄，激励斗志。斗牛习俗在中国中原、南方比较盛行，而在少数民族地区，则以云贵高原最为普遍。

斗牛是中华民族的传统习俗，据史料记载始于三国时期。云贵高原的少数民族喜欢以斗牛的方式来庆祝各项重大活动，有许多少数民族还有专门为斗牛举办的节日。“斗牛节”，以苗族、侗族、彝族的斗牛最为出名，规模较大，场面也十分壮观。

苗、侗、彝各村寨都有养牛行家。据他们的经验，那些身体硕长、颈脖粗壮、蹄叉紧直，且牛毛旋长在最吃劲的前胛上的，肯定是力大之牛。而那些尾巴垂过后腿膝盖，舌头上长了黑痣的，更是胆大凶猛之牛。如发现，各村寨都会重金买回，精心喂养，不让耕田。五岁开始便纵其凶悍，败罚胜奖，驯成斗牛。每遇比赛，半月前便加喂糯米粥、生鸡蛋等，养牛费用由全寨共同负担；寨子喂出一头获奖牛王，乃全寨人的光荣。

苗族非常重视养牛，同时也最喜欢斗牛。苗民一般选用大牯牛相斗，被选上的牯牛，称之为牛王。每头牛王上阵相斗前披红挂彩，并伴着喧天锣鼓、高奏的芦笙，由旌旗开道，众人簇拥相送而进入斗牛场，供作斗牛用的大牯牛不准杀生，将对斗死的大牯牛视为英雄，不得吃其肉，还要厚葬，并树碑立传记载它的战功。斗牛时，本地苗民把过路商贩、外地游客均视为苗家最尊贵的嘉宾而邀其共同观赏斗牛。

关于斗牛，各地苗寨都普遍流传着一个故事。很久以前，一支外族军队挥刀持盾来攻打苗寨。苗王率众抵抗，无奈敌军盾牌坚固，弩箭射不穿，大刀砍不破，便集中全部公牛，牛角绑上尖刀，再灌喂米酒，待敌军一到，疯狂的牛群猛冲猛扎，把外族军队冲得落花流水。苗王大获全胜，但准备论功行赏时大家皆邀头功，争持不让。苗王只好让两寨各选一牛相斗，以斗牛胜负定功，从此便传下斗牛的习俗。

号称“苗族第一县”的贵州台江县，“斗牛节”已成为当地的重大节日，每年农历九月廿七至廿九在良田、革一、大唐一带举行。斗牛前夜，主人们将斗牛洗刷干净并喂以上等草料。邻里乡亲送上肉鱼烟酒，在牛主家摆酒设宴，以表示鼓励和祝贺。斗牛前，主人给牛喂上数斤黄酒并牵着牛原地绕圈以增加牛的野性和运动的爆发力。比赛开始，两牛在东西两头分别站立，随着中人（裁判）的吆喝声，牛主人放开缰绳，两牛如离弦之箭向对方俯冲而去，牛主也都紧张起来，盼望自家的牛能获胜，经过几个回合的激战，败者仓皇逃离，而胜者乘胜追击，随着两牛奔跑，围观的乡亲也唯恐斗牛伤人而纷纷避闪，整个斗牛场随着牛的追逃而形成全场旋转的人流，场面极为壮观。

苗族斗牛

贵州省贵定、龙里一带苗族也有“斗牛节”。时间选在春耕前或秋收以后的农闲时节。节日前两个月主持者就向附近的村子发请帖，让参加者做好准备。有斗牛的人家，不让孕妇、临产期妇女、新寡妇上门，更不准接近牛圈；不借东西给别人，怕牛的力量被借走。节日那天，场主介绍斗牛场的来历，宣布有关规定和纪律后，斗牛开始。八个男童身穿民族服装，手举画有猛兽的彩旗走在前面，一对大号手之后跟着四个唢呐手，随后芦笙手上场，一群姑娘跟随其后，合着节拍跳舞。所有参加比赛的牛绕场一周，斗牛就开始了。斗胜的牛披红挂彩，放鞭炮、吹唢呐庆贺，节日活动一般举行一天，有的地方是几天，也有的地方一边斗牛、一边举行吹芦笙跳月等活动。

贵州福泉县苗族“斗牛节”则在每年农历正月初九、十九、廿九三天举行。届时，方圆百里的苗族群众身着节日盛装，佩戴各种金银首饰汇聚到斑鸠石，欢度自己的传统佳节。青年小伙子吹起悠扬的芦笙，边吹边跳。一对芦笙后面跟着一群年轻的苗族姑娘，少则6人，多则几十上百人，踏着芦笙节奏，围成一个圈子跳月。人们围成一个个跳月堂，翩翩起舞，群情欢跃，非常热闹。年轻人们在欢快的歌舞中挑选自己的意中人，那些相中的青年男女，便会在散场后，在山冈路旁幽会。

斗牛是整个活动的高潮。斗牛在入场前，主人用糯米饭夹着大片腊肉和土酒喂斗牛，然后牵进场。先进场的称“等牯”，后进场的称“碰牯”，双方一放绳即接角相斗。斗角碰击声应山应水，群众欢呼声一浪高过一浪，顿时使寂静的山野变成了欢腾的海洋。当判明一牛已败时，十几名壮士迅速将牛隔开。斗胜的牯牛，会被挂红奖赏。

云南苗族也爱斗牛，“斗牛节”是他们最喜庆的节日。斗牛会场一般设在四周有茂密森林的平坦草地上，届时，各苗家山寨人民穿上节日盛装，唱着山歌，牵着斗牛蜂拥而来。斗牛开始，人们把参加比赛的斗牛一齐放进斗牛扬。顿时，几十条斗牛怒目相视，寻找对手，互相顶斗，斗败者拔腿就跑，胜者紧追不舍，直到败者逃出战场，胜者又才返回场内再次寻找对手。第一回合的失败者逃走后，胜者间又一次展开恶战，失败者又逃走，第三轮胜利者之间又展开格斗……直到最后剩下一对。这是整场斗牛中最精彩的决斗，此时两牛实力相当，一个回合比一个回合凶猛，恶战一次比一次激烈，有的一直斗数小时不分胜负。最后得胜者昂首在场中，主持人给它戴上大红花，由它的主人牵着绕场一圈，观众纷纷喂给它染红的鸡蛋和节日的饭菜，向它身上撒去无数的鲜花。晚上，人们就在斗牛场上燃起篝火，青年男子吹起芦笙，姑娘们翩翩起舞，人们通宵达旦地欢庆。

各地苗族除在不同时间举办“斗牛节”外，还会在年节、客家年、芦笙节、跳花节、爬山节、都阳节等节日里开展斗牛活动。总之，在苗族地区，惊险、刺激的斗牛场面经常可以看到。

贵州侗族“斗牛节”，又称“打牛架”，各寨均有专人管养善斗的“水牛王”，但“斗牛节”的风俗南北不同。南部地区在每年农历二月、三月或八、九月的“亥”日举行，据说“亥”日是最公正的日子。而北部地区多在九月初九起放牛大打三天，称为“鞍瓦”。

节前几个月，南部地区各村寨互相邀约对手，俗称“送约”。节前三天，人们在牛王“宫”前敲锣打鼓放炮，大设宴席，俗称为牛王“养心”。在准备参战的牛王圈前，人们鸣锣吹笙放炮，一直到深夜。亥日的斗牛场上人山人海；“牛王”营地里，旌旗环绕、戒备森严。

斗牛前，由德高望重的寨老致“斗牛词”，宣布斗牛规矩。中午时分，各牛王“踩场”开始。每支斗牛队伍前，有一个身穿亮布衣服的后生舞着一张写有牛王名称的牌子开道。“牛王”头上罩着红缎子，背置“双龙抢宝”的“牛王塔”，塔上插着四面令旗和一对5尺长的锦鸡尾，胸前挂着一串串银铃，由两个身着翠绿衣服，头包红帕，手持牵牛鼻子的把条的后生牵引。跟在“牛王”身后的一个后生，扛着一块大木牌，上写“大碰王”之类的表示本“牛王”名号的字样。最后是举着镶边三角形彩旗的队伍，旗杆顶上，挂满了五色鸡毛，非常壮观。整个队伍浩浩荡荡，绕场三圈，这种仪俗称“踩场”。

“踩场”完毕，斗牛开始。各队牵着自己的“牛王”，打着火把，从两端入场。铁炮一响，将火把往前一抛，牵牛的人一放手，两头“牛王”四蹄腾空，向前冲去。两头牛互相顶撞，斗牛场烟尘滚滚，助威者鸣锣呐喊。如果久斗不分胜负，后生们便取来粗绳拴住各队的“牛王”的脚往后拉，解除双方的搏斗，算是平局。如有一方输了，失败者的彩旗就被对方的姑娘全部夺去。得胜的“牛王”在芦笙声中再次绕场示威，披红放炮。几天后，远道的姑娘给斗败的“牛王”还旗来了。后生们热情款待，陪她们唱几天大歌，临别时还要送赎旗的彩礼。

北部地区则把即将参加斗牛的水牛称为“圣牛”。斗牛前，作为东道主的村寨会派人到邻寨送帖请战，俗称“订牛亲家”。

九月初九凌晨，各寨“圣牛”在鞭炮声中出圈，向主寨斗牛场出发。各家各户闻鞭炮声纷纷牵着自己家的牛尾随。主寨寨老和青年们鸣锣吹笙欢迎，并备甜酒、油茶待客，同时开圈迎客方“圣牛”。

辰时许，人们向牛塘方向涌去，村寨要道和牛场入口处都扎拱门，挂鱼藤草，贴对联。正午时分，三声炮响宣布，“鞍瓦”开始，一阵锣鼓声传来，两头“圣牛”先后在拱门出现。“圣牛”前有一后生“丢把条”开路，后边八面上绣“镇天雷”、“大雷公”等字样的大旗跟随。“圣牛”的眼睛被一个后生持旗横遮。头上还以草凳遮护。背置四方形篾塔。塔上贴着花草龙狮剪纸，顶置大红绣球；飘须带，牛腰围铜铃，臀部饰成六尺虎尾。其派头俨然将帅出征。

申酉时分，一声锣响，宣布当天“鞍瓦”结束，明天上午再战。这时，主寨的人们争着拉其他村寨前来参加“斗牛节”的客人回家做客。第二天和第三天，斗牛又继续进行。直到第四天早上，客人执意要走，主寨才放起铁炮欢送。

南北侗族也有的在“吃新节”、“侗年”等重要节日开展斗牛活动。

彝族的“斗牛节”则都在每年农历六月初一举行。斗牛方式与云南苗族相类似，斗牛也是先一群一群地斗，然后留下强者争夺冠军。不过斗败一方的主人要给获胜的牛挂红绸，以表祝贺。“斗牛节”上还要举行热闹的歌舞活动。男女青年身着节日盛装，在三弦的伴奏下欢快舞蹈，尽情歌唱。

云南石林地区则是彝族、苗族一起斗牛，这种习俗已有1000多年历史。每逢火把节、春节或遇重要喜庆活动，人们便以村或乡为单位举行斗牛比赛。比赛的方式是以顶力和耐力的方式进行淘汰，最后决胜者为“冠军”。斗牛是从石林县50多个彝、苗族村寨挑选出来的“猛牛”，通过斗牛来展示养牛水平，增进村寨间的友谊。

凉山彝族“火把节”期间的斗牛活动规模也很大，参赛的均为雄性黄牛，不受年龄、体重等约束，来者不拒。有的用镰刀削尖牛角，为的是增强杀伤力；有的往牛角上涂蒜汁或其他使对手闻之刺鼻的药物。有时，有的牛斗得头破血流，角断耳穿；也有的当场肚破肠露而丧命。纳西族、普米族、白族等少数民族的“火把节”，也有隆重的斗牛比赛。此外，凉山彝族在端午节期间也开展斗牛比赛。

云南西盟一带的佤族也喜欢斗牛，他们选生性好斗的大牯牛，用精制饲料喂养3~4个月，不耕田、不驼物，专门用于斗牛。斗牛场面惊险刺激，大牯牛之间的搏斗甚为激烈，强者顶着弱者的肋部直到对手被顶得四脚朝天，或掉头逃跑，人们才将牛隔开。此外，佤族还喜爱二人间进行"斗牛"比赛，即双方头对头两手落地，两脚跪立成牛状，用肩头互顶对方，以把对方顶翻或顶后退为胜。

每年农历四月初八，也是湖南江永瑶族姑娘传统的"斗牛节"，这个节日只有未出嫁的成年姑娘才有资格参加。当地"斗牛"的含意是人们常说的会餐，只不过"斗牛节"的会餐不同，内容丰富多彩，别具情趣而已。节日当天，各村寨瑶家姑娘邀朋约伴，选择本地风景优美的地方，参加"斗牛"的姑娘每人从家中自带食品，其中有几样必不可少：一是事先在蛋壳上绘出自己新设计的织花边的图案的花蛋。一是用小刀刻上荷包花样的花糍粑，还有将蜂蜜熬干拌进适量熟米粉压成块，用黑白两色芝麻在上面镶成各种头巾图案的花糖。此外，还要带些花生、板栗、锥栗、肉食品和各种土特产食品，凑在一起，丰盛非凡。做父母兄嫂的对姑娘"斗牛"必须大力支持，家里存放的各种食品任她们挑选。在"斗牛"时要先由姐妹们欣赏、评论一番。谁的花样图案玲珑精巧，新奇美观，就会受到称赞、推崇。

湖南江华瑶族地区在每年农历十月十六日的"倒稿节"（瑶话音译，意为丰收）有点像西班牙的人牛相斗。节日期间，选择大田或一块平地做赛场，牵一头膘肥体壮的公牛进赛场，牛角上系一红绸结，寨中男女老少吃完"倒稿饭"后汇集赛场。比赛开始，长辈给赛手头扎英雄结，并讲一些吉利祝愿的话，尔后赛手持棍棒与牛角斗，直到把牛斗得精疲力竭，自动退阵为止。

水族也有在节日期间举行斗牛的习俗。但其"斗牛舞"更为普遍，常在祭祀、节庆和丧葬时演出，其动作表现了水族人斗牛时的一些场面。"斗牛舞"一般由五支芦笙、五支莽筒伴奏，一人吹着最小芦笙在前面领舞，其他人也边奏边舞，紧随其后。另外还有两人戴着"牛头"道具作半蹲式边斗边舞，五位头插雉尾、腰拴白鸡毛花裙子的姑娘和着节拍伴舞。这种舞蹈在开春时便停止，在稻秧拔节抽穗后又开始跳，有季节性。

除云贵高原外，南方少数民族中的壮族、仡佬族、京族也都有在重大节日期间举行斗牛活动的习俗，但没有过专门的“斗牛节”，其爱好程度不及苗族、侗族、彝族等少数民族。

苗族的“姊妹节”、侗族的“萨玛节”和布依族的“查白歌节”

苗族的“姊妹节”，也称“吃姊妹饭节”，具体时间因地而异，一般在农历的三月十五至十八期间举行。流行于贵州省黔东南苗族地区，尤以贵州东部清水江畔的革乐、井洞堂、偏寨、坝场等地最为热闹。

传说“姊妹节”是纪念苗族祖先自由恋爱的节日，苗族群众在此期间尽情对歌、跳舞选伴择偶，沿袭至今已有数千年历史。据长达五百多行的《姊妹节歌》记载，有两个姨妈的子女，男的叫金丹，女的叫阿姣，两人从小青梅竹马，长大后彼此产生爱情。但是，阿姣的父母要让她嫁回舅家（旧时苗家习俗称“还娘头”）。为了爱情，金丹和阿姣天天偷偷约会。因怕父母和寨佬发现，他们俩相约在野外谈情说爱。每次阿姣都用她装针线的竹篮藏着饭带去给金丹吃。经过一番磨难和顽强不屈的抗争，他俩终于结成了夫妻。消息传开去，受到大家的普遍认同，相沿成节，称为“姊妹节”。

如果某地要过“姊妹节”，消息会很快传出，一传十、十传百，节日举办地很快就会热闹起来。来过节的要数未婚的青年后生们最为活跃，他们来到寨子里受到姑娘们的热情款待。临别时，姑娘们用小篮子或新帕包盛着五颜六色的姊妹饭，送给她们的意中人。姑娘在送给后生们的饭筐和帕包里，还悄悄地藏些标记做暗示。如果是松针叶，后生们就用绣花针或花丝线回谢姑娘；筐边挂竹钩，就要用伞回谢姑娘；将两个竹钩互相钩着，是代表姑娘愿意多和后生交往；如戴上香椿芽，则示意可以成亲；筐边上挂只活鸭，后生就要回谢一头活猪，供姑娘们节日聚餐；若是辣椒或蒜，则示意断交。通过回谢姑娘们的信物做引线，彼此建立和加深感情，不久便可结为夫妻。

“姊妹节”期间，姑娘享有充分的自由权，任何人不得干涉和非议，父母还要给予物质资助。村村寨寨、家家户户扫屋设铺，蒸“姊妹饭”，备好酒菜。“姊妹饭”是用姑娘们上山采摘的茶叶，把糯米染成五颜六色后蒸成的。晶莹透亮，香软可口，除全家人食用外，还要招待馈赠亲友和客人。有的寨子会整个寨凑起酒肉摆设在大坝子中间，热情接待远道而来的亲朋好友。青年妇女在过节当天，大家聚集在一起，到田里捉鱼捞虾聚餐。不管她们上谁家的田，田主都不得干涉。妇女们若捉到田主的母鱼，田主还得用一只鸡去换回来。在未婚的姑娘家中，老人要早早为姑娘置办酒肉，备一两筐“姊妹饭”，让姑娘款待她们的情侣。即使从不相识的后生，也可得到人们的款待。只要开口讨一声：“送团姊妹饭去避蚊虫嘛!”主人马上就会将一团“姊妹饭”塞到他手里。

苗族姊妹节姊妹饭

节庆期间，男子身穿青、蓝、紫等色的对襟衣，包头帕；姑娘则身着有各种美丽花纹图案的民族服装，头发插髻，戴上鸾凤银冠，佩戴耳环、项链和银圈，身上缀满银牌，赶到清水江畔。节庆地人山人海，热闹异常，但始终是以歌招呼、以歌表礼、以歌探情、以歌求爱、以歌欢恋……各地青年苗族妇女用完早餐后，三五成群地到游方场去看望和款待情侣。晚上，姑娘们备好长条凳，摆在院坝中，和后生们摆开阵势对歌，以歌传情。中老年人也相邀到邻寨找老妈妈对歌，也要唱得五颜六色的“姊妹饭”到手才尽兴而归。

节日期间，各地还有丰富多彩的文体活动，也是姑娘小伙一展才华的大好时机，有的斗牛，有的划船，有的鸣锣击鼓，有的吹芦笙，有的唱山歌，不少男女则在江边草地或沙滩踩鼓，跳芦笙舞。活动内容丰富，场面热闹。

最后两三天，未婚的后生还吹起多情的讨花带芦笙：“好朋友，好姑娘，送条花带捆芦笙，送来送来捆这里，送来送来捆这里……”以歌向未婚姑娘求爱。如果姑娘喜欢，就把早已准备好的花带捆在小伙子的芦笙上；有的甚至还取下身上的银手圈、银项圈或银哑铃挂在芦笙上。这是最大的信物，也是最大决心的表示。这时候，小伙子也要拿出相当价值的钱或衣物送给姑娘，作为定情礼物。每当出现这种场面，整个芦笙场气氛更加热烈。

“姊妹节”是一个以女性为主角的节日，而侗族则有一个祭祀女性祖先的隆重节日叫“萨玛节”，主要流传于贵州榕江县、黎平县、从江县及周边的侗族地区，其中以榕江县车江、三宝侗族“萨玛节”为代表。“萨玛节”是南部侗族现存最古老的传统节日，是侗族母系氏族社会时期风俗的遗留。“萨玛”系侗语，“萨”即祖母，“玛”即大，“萨玛”可汉译为“大祖母”、“先祖母”、“圣祖母”，是整个侗族（特别是南部方言地区）共同的祖先神灵的化身，是侗族信奉崇拜的至高无上的女神，神威巨大，能赋予人们力量去战胜敌人、战胜自然、战胜灾害，赢得村寨安乐、五谷丰登、人畜兴旺，因而人们对之虔诚崇拜，奉为侗族的社稷神。同时，“萨玛”又是传说中的古代女英雄，在侗族古代社会的政治、军事、文化等方面占有重要地位。许多村寨都建有“萨玛”的神坛——萨玛祠、圣母祠，也叫“然萨”，每年农历正月或二月都要在“然萨”举行盛大的祭典，场面宏大而壮观，代代相传，形成了今天的“萨玛节”。

“萨玛节”节期一般是农历正月或二月，有时也根据生产、生活或其他重大活动作调整。祭萨的规模，一般为各村（团寨）各祭，有的也邀请邻村联祭，场面壮观。参加祭萨的人员，各地不同，许多地方是全寨男女老少一齐参加。榕江三宝侗乡各村寨，则是以已婚妇女为主体（也有少数德高望重的男性寨老参加）。因此，榕江三宝侗乡的祭萨活动，带有悠久的远古母系氏族社会的遗风。祭萨后，活动参加者绕寨一周，最后到达固定的“耶坪”，围成圆圈，手拉手跳起舞来，齐声高唱赞颂“萨玛”的“耶歌”。这种边唱边舞的形式，称为“多耶”，气氛古朴而热烈。

榕江县三宝侗乡的车寨、脉寨、月寨、口寨等尚存13个萨玛祠。“萨玛”活动仍保留有浓郁的母系民族社会遗风。“萨玛节”期间，男人们心甘情愿在家带孩子，做家务，让妇女们无忧无虑地参加节日活动。

节日的三五天里，人们像过年一样，身着艳服，兴高采烈地汇集在“萨玛节”的主会场。客人们进入会场要先喝“拦路酒”，再领一份彩蛋、香包、绣花鞋垫，这是侗族人对贵客吉祥的祝福。节期第一天最为壮观，开幕式上，德高望重的侗族老人手撑“萨玛”图腾黑伞，走在祭萨队伍的前面，后面是侗歌队、芦笙队、腰鼓队……祭萨的队伍排成了长龙，场面十分宏大，整个会场足有两万多人。

同苗族“姊妹节”一样，布依族也有一个青年男女对歌择偶的节日——“查白歌节”，这是贵州黔西南一带的布依族的传统歌舞盛会，时间在农历六月廿一举行。

布依族“查白歌节”

此节源于当地流传的一个传说：相传美丽聪明的布依族姑娘白妹和憨厚勇敢的查郎是一对恩爱的夫妻。查郎白妹夫妇相亲相爱，不料白岩寨头山官害死查郎，抢走白妹。坚强的白妹宁死不从，在六月廿一夜晚，一把火烧了山官的房屋，烧死了作恶多端的山官，自己也纵身火海，以身殉情。最后查郎白妹的灵魂变成两只白仙鹤，凌空比翼，双双飞上九天，成了紫云歌仙。人们为了纪念这一对不畏强暴、为民除害的忠贞夫妇，决定把寨名改为“查白寨”，选在白妹殉情的日子——农历六月廿一举行一年一度的“查白歌节”。

节前，布依族各家拆洗衣服、被褥、蚊帐，挂满村寨前后，象征白云缭绕，取意干干净净，清清白白。临近节日，附近的寨民扶老携幼，成群结队，赶往查白寨周围。年轻人不仅盛装英姿，而且带着定情信物，跃跃欲试，盼望得到查郎白妹那样忠贞不渝的爱情。节日这天，贵州、广西、云南三省、区边界的布依族青年男女就从四面八方聚集在兴义的查白场，举行盛大的歌会。人们把这个活动也称为“赶查白”，人数常多达二三万。歌会开始时，唢呐、长号同奏，铜锣喧天，鞭炮齐鸣。唱山歌、吹可叶、弹月琴、赛歌是活动的主要内容。各路歌手登上歌台，用个人和集体对唱的形式一问一答的方法进行比赛，以对答不出为输。歌节上的“浪哨”（唱歌）是布依族青年男女的恋爱方式。“浪哨”时要互甩“糠包”，包上缀有多条绣花穗须，抛甩时犹如彩蝶漫天飞舞，十分好看。

节日期间，白天在歌场赛歌，晚上到住户的院里或屋中唱。主人则以“花米饭”（染成五色的糯米饭）和“茶水”（实际上是米酒，布依人习惯以酒代茶）待客。节日期间人们认亲访友，吃汤锅聊天。传说汤锅起源于炖吃查郎射死的老虎，后来多以山泉水大锅炖猪肉、狗肉代替。现在的查白歌节已不仅仅是布依族的歌节与恋爱场所，也是周边地区一个重要的物资交易场所。

苗族、侗族、布依族是贵州人口最多的三个少数民族，“姊妹节”、“萨玛节”和“查白歌节”是三个民族的歌舞盛会。是贵州省隆重推介并入选全国首批非物质文化遗产保护项目。

水族的“端节”和仡佬族的“毛龙节”

贵州水族有许多传统节日，最隆重的当推“端节”，又称“瓜节”，水族称“借端”。“端节”相当于汉族的春节。水族有自己的历法，“端节”就选择在“水历”十二月至次年二月（相当于农历八月至十月），时值大季收割、小季播种，也是“水历”的年终岁首，因此是辞旧迎新、庆贺丰收、祭祀祖先的盛大节日。

祭祀祖先、庆贺丰收、款待亲友和赛马是“端节”活动的主要内容，为了备足年货和邀约亲友，“端节”前一两天人们要赶端节场。

“除夕”，“借端”的各村寨，将珍藏的铜鼓取出，用鼓声宣告辞旧迎新的“借端”开始。“除夕”与“初一”相连的两顿饭忌荤食素，但不忌鱼虾，直到第二天“端坡”活动完毕后，才能吃荤。水族的节日宴会上，必须有一道菜——鱼包韭菜，据说是水族祖先北迁时，一位老者馈赠的礼品，所以极为珍贵。“端节”清晨，成年人还要走家串户吃年酒，互相拜年。节日期间，家家备有鸡、鸭、鱼、肉，迎接四乡八寨来的亲友和一些不相识的客人。大家吃新米饭，喝美酒共同分享节日的欢乐。天真烂漫的孩子们，到各家分享馔品，到处可见孩子们踏着脚，伸着手大声喊着“海有啊！海有啊！”（给我啊、给我啊！）的场面。哪个孩子获得的糖食、果品、鱼干最多，哪个孩子就被认为最能干、最健康、最幸福。姑娘们身着四周镶嵌花边的蓝色大襟无领长衣、青布长裤，腰系绣花小围腰或穿裙子，将长发梳成一把，斜在头上，佩戴耳环、项圈、手镯等银饰物，与神采奕奕的小伙子们聚集在“端坡”四周，吹芦笙、吹哨、拉胡琴、敲铜鼓。皮鼓声和铜鼓声交织在一起。青年男女踩着鼓点，纵情歌舞，随鼓点快慢而变换舞步，最后鼓点密急如雨宣告活动结束。赛马、斗牛的“端坡”上，人山人海，锣鼓声震撼大地。当英俊的骑手策马扬鞭登上坡顶时，欢呼声响彻云霄。入夜，兴奋的水族群众围坐在火塘边，吃着象征丰收的糯米团，喝着糯米酒，不时地发出“秀！秀！”（干杯！干杯！）的欢笑声，到处沉浸在节日的欢乐中。有些水族地区不过“端节”而过“卯节”，水语叫“借卯”。每年水历十月（农历六月）选一卯日举行。届时，青年男女打着花布伞，手拿花帕和扇子，到“卯坡”唱歌跳舞，嬉戏游玩。晚间在村寨广场聚会，吹芦笙、擂铜鼓、击皮鼓、唱花灯戏。

“端节”的娱乐活动，除了敲击铜鼓、革鼓之外，还有赛马、吹笙、跳舞、唱歌等。赛马活动在“初一”午后举行。都匀市王司地区则在戌日赶端场时就举行赛马、击鼓、跳舞、唱歌等活动，并且赛马在干河道举行（现在多在公路上）。其他地区赛马场地都在固定的“端坡”上。“端坡”是居所相邻的村寨或不同宗族所共有的赛马场地。“端坡”的选定要经过占卜，能使各村寨都兴旺，保证赛马不出事故。所以古代确定的“端坡”，后世不轻易废置。王司地区在赶端场的当晚，在家的人要为赶场的人“接魂”。人们在路口摆两碗糯米饭、两条鱼、一碗酒，还撒上一把水竹叶，点一把火把，呼喊外出者的姓名，念着“魂归来，魂来家”的口语。待外出的人归来就把供物带回家去吃。

赛马这天，盛装的男女老少和各地骑手云集赛马坡，加上小商贩人可谓山人海。开赛之前，要在道口设便席供祭，插竹标于道中。起跑时，由德高望重的长者引跑，待他拔掉竹标之后，骑手们便扬鞭纵辔，奋蹄驰骋。赛马系自由循环赛，是比耐力、比骑术的比赛。另外，还有一条约定俗成的规矩，那就是赛马时有人被马践踏，不追究任何责任。“端坡”不仅是赛马的场所，也是男女青年交际的地方。

唱歌、吹笙、跳舞等活动主要盛行于九阡、王司、都江一带。来客中若有歌手，寨上就开展对歌活动。九阡地区和佳荣地区对歌，女歌手与同伴坐在房间里，男歌手和听众坐在堂屋中，双方各有两名同伴作歌尾的伴合帮腔。王司地区对歌多在村头寨尾，歌手可直接见面，双方对歌的人数不限。吹笙、跳舞活动，多流行于都江、榕江、地祥、牛场等地。

“端节”堪称历时最长、批次最多、最具有水族民族特色的年节。登高、赛马活动是南方民族年节中独有的现象。同时，“端节”是水族斗牛舞、铜鼓舞、芦笙舞、对歌等诸多民间艺术起源、传承、发展的重要文化空间。

仡佬族的“毛龙节”节期为每年大年三十夜至正月十五、十六，节日期间的各种活动体现了石阡仡佬族世代流传下来的民间信仰，全县十八乡镇均有“毛龙”，其中汤山、中坝、甘溪、国荣、龙井等乡镇的“毛龙”最具代表性。该节日还辐射到全县侗、苗、土家等各民族。仡佬族“毛龙”主要活跃在元宵节期间，有学者推论，“毛龙”源于古代仡佬族的“竹王”崇拜和生殖崇拜。

据古籍《南中志》记载，“毛龙”起源于“夜郎竹王”的传说。“有一女子院于水滨，有三节大竹流入女子足间，推之不去，闻有儿声，取持归，破之得一男儿，长养有才武，遂雄夷狄”。后人以竹扎龙，以纪念夜郎王。

龙崇拜是仡佬族“毛龙”的核心。节日内容包括三个部分，祭龙神、祭竹神、舞龙。祭龙神要在指定的场合，并且要摆放一定的牌位与供品，然后开始敬龙仪式和念敬龙神祠，这个环节包括“开光”、“请水”、“烧龙”等仪式。之后要祭拜竹王，这是仡佬族的祖先崇拜的遗风。接着要举行“开财门”和“敬财神”等表演，各程序都有诵唱，内容丰富。祈祷龙神保佑国泰民安、风调雨顺，拜祭祖先，希望祖先神佑护村寨、人丁兴旺。接财神，祝愿大家财源广进、生活富足。节日期间，最精彩的要算各村寨的“舞毛龙”。

一支“毛龙”一般由两条主龙、两条附龙和一个龙宝组成，表演时，在持宝人的引领下，“毛龙”上下左右翻滚，时而头上尾下舞成“螺蛳旋顶”，时而舞宝人与舞龙头的人背靠背、头枕肩，仰面朝天舞成“犀牛望月”，时而二龙相向，随着持宝人上下翻滚，舞成“二龙抢宝”……“毛龙”两旁紧紧跟随着两条狗龙（传说中夜郎竹王的猎犬），这是“毛龙”在编扎上区别于其他龙灯的主要特点，在表演中担任着“小丑”的角色。它俩时而在前引路，时而留观打斗，时而殿后表演“二狗抢球”，等等，惹得四周观众捧腹大笑。同时，表演中施以黄烟，整条龙在烟雾缭绕中若隐若现，场景蔚为壮观。除精彩的“二龙抢宝”、“螺蛳旋顶”、“犀牛望月”等表演形式外，还有其他多种形式，如“懒龙翻身”、“单龙戏珠”、“天鹅抱蛋”、“倒挂金钩”等形式。

“过独木桥”、“上四方桌”是石阡“毛龙”表演上区别于其他龙灯的标志性特征。表演时，两条“毛龙”在“狗龙”的陪伴下，跃上四方桌，跨上独木桥，腾云驾雾，时而蛟龙出海，时而懒龙翻身。在独木桥或四方桌上表演鲤鱼打挺、天鹅抱蛋、倒挂金钩、仙人坐轿、观音坐莲、苦竹盘根、膝下栽葱、克麻晒肚等绝活，让观众心情“随龙起伏”，拍案叫绝。

“毛龙”的编扎非常讲究：首先以粗长的竹篾数片扎成20米左右的龙脊，再用细竹篾缠以剪成鞭炮型的有色纸，俗称“火草秆”，每根“火草秆”长100～120厘米，两端扎在龙脊上，形成一个个环形圈。整条“毛龙”要用四五百根“火草秆”扎成，因看上去满身似毛而得名。黄龙用黄纸做“火草秆”，赤龙用红纸，青龙用蓝纸，花龙用杂色纸。龙脊上固定一根木把为一“洞”，每“洞”相距约2米，每条龙7～13洞不等（一般为奇数），每洞内系“八方灯”4个，夜燃蜡烛，“毛龙”通体明亮。

夜间，在“毛龙”的“八方灯”内点上蜡烛，每条龙四五十支，照得通体透明，舞动时，灯球翻滚于毛茸茸的龙体之中，分外美观。如今有的还利用干电池、蓄电瓶在“毛龙”的眼睛、嘴巴里安装上霓虹灯，让“毛龙”变得“金碧辉煌”。

每年农历正月，玩灯人舞着“毛龙”，走村串寨、登门上户。为主家开财门、说吉祥，一人领，众人和，歌声响亮而雄壮。到了正月十五，全县“毛龙”不约而同地来到石阡县城，为县城增添了不少欢乐、祥和、喜庆、热闹的节日气氛。“毛龙”灯会庆元宵也成为石阡群众的传统。

“仡佬毛龙”有着丰富的文化价值，显示出独特的民族性、地域性及多样的社会功能，“毛龙节”已成为贵州石阡及周边百姓春节期间最喜欢过的节日。

水族的“端节”和仡佬族的“毛龙节”，是这两个民族最重大的节日，融汇了贵州这两个少数民族最具代表性的文化艺术，这两个节日已共同入选国家首批非物质文化遗产保护名录。

第四章

西南地区少数民族节日（二）

云贵高原的“火把节”

火是我国藏缅民族共同的崇拜物，因此藏缅语系的民族也有“火的民族”之称，而由祭火发展而来的“火把节”已成为这些民族共同的节日。现在云南、四川、贵州、广西等省、区的彝、白、哈尼、布朗、纳西、普米、傈僳、拉祜、基诺、仫佬、仡佬等民族都过“火把节”。

“火把节”多在农历六月下旬举行，各民族各支系选择时间大同小异。黔西彝族、仫佬族早在农历六月初六举行，禄丰彝族、拉祜族在六月廿十就开始“迎火把”，景颇族则在瓜果飘香的季节择日举行，但绝大部分少数民族都选择在农历六月廿四日、廿五日这两天。“火把节”节期一般延续3天，多者可达7天或半个月。

“火把节”又称“星回节”、“保苗会”，至今已有二千多年的历史。云南的《禄劝县志》、《楚雄县志》分别有“六月二十四、五日为火把节，亦谓星回节。夷人以此为度岁之日，犹如汉人之星回于天而除夕也。”，“六月二十四日为星回节。燃松炬照室及田间，每田水口，每荞地一处，各磔一鸡以祈丰收”的记载。而《南安州志·风俗志》则有“六月二十四日束松为燎朵，草花高丈余燃之，宰牲祭祖，老少围坐火，食肉饮酒。自官署以及乡村田野皆燃，谓之火把节，又谓星回节”。“火把节”为汉语意译的通称。

关于“火把节”的由来，各地传说众说纷纭。彝族民间关于“火把节”的传说是很久以前，天上凶神斯热阿比，奉天王安天古兹之命，来到彝族收租催税，敲榨勒索，激起彝民反抗。英雄阿提拉巴同凶神作战九天九夜，为民除害。天王又降下“天虫”吃庄稼，眼见庄稼要毁，大家集思广益，商量决定举火把烧死“天虫”。火把烧死了大部分“天虫”，保住了庄稼。为防天虫再次遗害，每年“虎丹”时节，彝族人民就高举火把，年复一年就成了今天的“火把节”。白族传说是白族先祖跋达不辞辛劳，求取播撒五谷及树种造福世人，却因山高林密回不了家。白族手举火把走村串野既为跋达引路，也为纪念他的恩典。拉祜族关于这个节日的传说讲的是善人在一只没有角的山羊头上安了一对蜂蜡做的角把恶人吓跑的故事，人们从此得到安宁，于是每年都举火把纪念。而禄劝一带的傈僳族则有一对贫穷夫妇的女儿被当地土司抢去后不屈从而自杀，村民义愤而起，举火把起义而沿袭成节的说法。

彝族的“火把节”与古代彝族十月太阳历有关。彝族先民将一年365天分成10个月，每月36天，余下5天（或6天）为过年日，“火把节”便是上半年的过年日。农历六月下旬，正是云贵高原各地水稻吐穗扬花的季节，也是虫害猖獗之时。举火巡行稻田，引来飞蛾扑火自焚，是一种灭虫保丰收的措施。为此，该地区的百姓将火把视若水稻吐穗，并称之为“火把引穗”或“火把穗”，以祈求五谷丰收，六畜兴旺。因此火把节是举火驱除灾疫，用火把象征稻穗、幸福和子嗣等，祈福禳灾。

彝族、白族“火把节”是云贵高原规模最大的“火把节”，也被称做“狂欢节”。“火把节”前，彝族、白族的家家户户要以高丈余之松木制成火把，晒干。村民们先要在村中广场竖起一根一二十米高的大松木火把，周围用松枝、木柴层层围叠成宝塔状，塔顶插挂“五谷丰登”、“人畜平安”的彩旗和鲜花、翠枝。每家在门前竖立一根火把、或准备一个柴火堆。而青年男子则要准备三四尺长的竹柴火把。

那马白族还有在松树火把中段往上处砍上几十个刀口，绑上松明，以及新亡故老人的坟前三年内都要竖立一柱丈高大火把的习俗。

“火把节”期间，彝族、白族都有节日里吃团圆饭的习俗，节前几乎家家都要打粑粑，打牲烹肉，准备佳酿，邀请亲友欢聚。有的地区要合村宰牲畜祭神，有的地方每户要抱鸡到田里祭田公地母。白族男女老少届时要聚集一堂祭祖，一般中午到祖坟前扫墓、祭奠；白族主妇还要到田间敬献土地神。

许多地方的白族要在太阳落山、火把点燃之前，各家提前吃完晚饭，扶老携幼出门观赏火把和跑马。跑马的有大人、有小孩。绕火把跑三圈后，才能向远处驰骋。不跑马的，就挨家挨户欣赏各家门前的火把，看谁家火把精致美观。年轻的媳妇们打着伞，背上新生婴儿在火把下转三圈，以示祛邪得福。晚上人们抢夺火把上烧落的柴炭，送给不育家庭，祝福早生贵子，人丁兴旺。等到夜幕降临，村中老人领头献祭品，向大火把叩头。几个勇敢矫健的小伙子，一个接一个地攀上高竖的大火把，把小火把逐人上传将大火把点燃。霎时烈焰腾空，鼓乐齐鸣。人们围着火把，载歌载舞，悠扬的白族调在夜空中回荡。当火把上悬挂升斗的竹竿被烧断时，升斗凌空飞下，人们群起争抢，抢到升斗者被视为有福之人，将受到大家的祝贺。

“火把节”的夜晚最精彩热闹。夜幕降临，待锣声、号声一响，人们点燃火把。因相信火炬可驱尽家中、村中及田中的鬼邪，确保人畜兴旺，五谷丰登，故由一家之主点燃用艾蒿秆扎成的火把，从屋里的上方照亮每一个角落，口中念：烧掉一切不吉利之物，全家平安、五谷丰登、六畜兴旺等词，然后经过牛圈、羊圈，最后加入到村寨的火把行列之中。有些地方由女性长者举着火把在屋里屋外烧燎一番，边烧边祝福道：“烧得好，烧得好啊！烧掉了晦气，今年日子过得红红火火啰！”凉山彝族则要依俗先给家里的五谷六畜叫魂，安置“财粮神位”，以祈五谷丰收，六畜兴旺。接着，村民在巫师“毕摩”的带领下，高擎火把，跳着带有宗教色彩的粗犷舞步，象征冲破了邪恶势力把守的一道道石门、铜门、铁门。

人们还举着点燃的火把，挨家挨户及围着田边地角走，边走边往火上撒松香，并打击什物，以示将鬼魔驱走。彝族、白族都有撒松香的习俗，当地称之为“泼火”，借此表示良好的祝愿。村民相遇，有的还从挎包或衣袋里掏出一把松香粉，朝对方的火把上撒去。随着“嘭”的一声，松香粉在举火者面前燃起一团绚丽的火焰，并弥漫出一股沁人心脾的松脂香气。晚辈对长者撒，是表示尊敬，祝福健康长寿；长辈向晚辈撒，是一种爱慰，祝其吉祥如意；同辈相撒，是表示友爱；青年男女互撒，那是向意中人表示爱慕之情。

凉山彝族“火把节”的节日高潮是廿七日的送火把上火把山。场面异常壮观，正午时分，鼓乐齐鸣，三位高举火把的老者领黑、红、白脸的百人大刀队，边走边舞，最后冲向火把山。并在山上表演，相互挥刀拼杀，欢呼狂舞，最后舞者将面具、火把放在一起，烧起熊熊火堆，男女老幼围着火堆绕三圈，以驱邪纳吉。而白族“火把节”的高潮是耍火把。村民们高举火把，成群结队地在村头寨边、田埂和山上游行，在夜色中穿梭挥舞，远处望去，火龙映天，蜿蜒起伏，十分动人。突然间有人会把腾起的火苗燎向对方，白族人称之为“敬上一把”，认为火苗可燎去身上的晦气，带来吉祥和喜气。青年人成群结队地举着小火把来到田间地头，向火把撒松香粉，给水稻照穗，其意是消除病虫，祈求水稻丰收。最后，抬着米酒、炒豆等节日食品，举火巡行的人们汇聚在村中广场。将许多火把堆成火塔，火焰熊熊，男女青年一个接一个地从篝火来回跨越两三次，祈求火神禳灾祛邪，人人百病不生。人们围成一圈，吹芦笙，弹月琴，踏脚起舞，对唱调子，节日之夜尽情娱乐。

纳西族的“火把节”是仅次于春节的隆重节日，又称小过年。“火把节”的第一天也是选择又好又长的松木。廿五日晚还要采红、黄、白三色野花，插在花瓶中及中柱上。全村扎一大火把立于村中央，上饰玉米红缨、向日葵花盘。每家要送三支松明，点燃后要在其上撒一些朽木碎末，引得火花四溅，表示驱逐鬼魔。并用火星占卜，火星朝哪方预示着哪方收成好。傍晚，各家门前也点燃火把，还要各扎一些小火把执于手中，从住房的每个角落到院子、畜厩、大门、门外熏一熏，并念驱赶坏风、恶雨、冰雹、病魔的咒语。火把一天要比一天高出一节。第三天是“火把节”的高潮，火把要扎得又高又大，装饰漂亮。要把所有角落都照遍，以求照亮庄稼，消灭害虫，预祝丰收。当晚人们高举火把，尽情歌舞，通宵达旦。

普米族“火把节”期间，家家户户都要做烤酒和甜酒，宰一只大阉羊或一头猪，做春麦饵块、打馒头，做水豆腐等，节日下午，由男主人手持木盘，内放上述祭品，端至神龛和靠床前，分别祭祀诸神和祖先。

阿昌族“火把节”期间，家家户户要吃米线，比较富裕的人家要吃火烧小全猪。晚上燃火把，点燃松柏树枝，并祈求佛的保佑，要先在室内转一圈，将蜘蛛网等不洁之物烧掉，以示驱邪保安。然后，全寨人手持火把汇集到寨内广场上或原野上，再绕村寨、山坡和田地漫游，以祈消灭虫害、预祝丰收。最后青年男女聚集在广场上，围着火堆，唱歌跳舞到深夜。跳舞时，由一个最善歌舞的人领头，其余的人均双手插腰跟在后面随唱，唱一句、舞一步，旁观的人也常常呐喊助兴，场面十分热闹。

而西双版纳的基诺族则在节前由寨父、寨母派人在寨内广场上支高大火把。全寨人停止生产，男女老幼着节日盛装，家庭主妇准备节日会餐，亲戚朋友互相拜访。晚上，锣声、号声齐鸣，男女老少拿着小火把、米酒、炒豆等食品汇集到火把周围。点火前，先是寨父向火把祈祷，然后几位长者登梯上树，将部分食品撒向四方人群，并高唱“火把节”歌。随后燃起火把，人们便纵情歌舞，青年男女则合着锣、象脚鼓和三弦，翩翩起舞，尽情欢唱，常常彻夜不眠。节日期间一般还举行斗牛、摔跤等活动。

哈尼族每年农历六月廿四日也举行火把祭祀的节日，节期 2~5 天，不过当地是过庆祝庄稼丰收的“苦扎扎”节。节日的最后一晚家家户户才点燃一个火把，并举火把照遍屋内的每一个角落，表示驱逐邪恶，然后将火把送到村边的路旁，以先后顺序，排成一条火龙，朝东南方向延伸，以示将邪魔驱向远方。

基诺族火把节

景颇族的“火把节”选在瓜果飘香的季节，在节日里，家家户户都要上山砍蒿枝，捆成火把，同时从园子里摘新鲜的水果尝鲜。当夜幕降临时，人们点燃火把，从家出发经过园圃，再返回家中，熄灭火把，然后，一边吃节日食品，一边唱歌。所唱的内容多是赞美当年瓜果如何香甜，一直持续到深夜。

而远在贵州的仡佬族农历六月初六就举行“火把节”，主要活动也是村民举着火把环绕山寨游行，祈望通过举行火把节达到消灾免难、人丁兴旺、谷畜双丰。他们称这种活动为“扫寨子”，意即清扫掉村里的七灾八难。

“火把节”之夜十分美丽迷人，曾有古诗这样描写道：“云披红日恰含山，列炬参差竞往还。万朵莲花开海市，一天星斗下人间。”“火把节”既是一个祭祀节日，也是一个狂欢的节日，是青年男女展示才华、谈情说爱、互吐衷情的良机。“火把节”期间，各族都要举行类似斗牛、摔跤、赛马、斗马、赛歌、射箭、拔河、荡秋千、选美、对歌、舞蹈、磨儿秋等各种各样精彩的文体活动。现在，“火把节”的内容更加丰富，有的地方还借此举行大型的商业贸易活动。

目前，四川、云南的彝族火把节已被列入国家首批非物质文化遗产名录。

西南少数民族的“吃新节”

收获粮食意味着生活富足，这是一年之中最开心的事，因此中国许多少数民族都会在丰收在望或收获后开展隆重的祭祀和庆祝活动，感谢各界神灵给予的恩赐，也祈盼来年风调雨顺、获得更大丰收。由于节庆活动与收割、品尝新粮有关，他们普遍把这个节日称做“尝新节”或“新米节”。

云贵高原的土家族、瑶族、仡佬族、苗族、侗族、彝族、布依族、纳西族、普米族、傈僳族、拉祜族、哈尼族、景颇族、阿昌族、德昂族、布朗族、基诺族等少数民族都过“尝新节”或“新米节”。但由于民族文化的差异，地理环境有别，因此从时间、祭祀内容、节日程序、庆祝方式等方面，既有共性，更有特性，节日内容异彩纷呈。

生活在云贵高原南端西双版纳的德昂族，是最早过该节日的民族，每年农历六月就举行“吃新节”，又称“尝新谷”。节日期间，每家每户都要事先采回两把新米，再掺入老米，意为“老谷换新谷”。用芭蕉叶或冬青将新、老米煮成饭和菜包成饭团，先喂水牛，然后供佛，供老人品尝，最后全家尝新后开镰收割。

而同在西双版纳地区的布朗族则在每年农历七月过尝新节，当稻谷刚刚成熟之时，由祭师选择一个吉日，各家各户下地掐新谷。一般多选属蛇之日，因蛇吃东西不多，象征着收获的谷物经吃。下地后，人们面向东方，掐一束黄熟的谷穗，拿回家，边走边叫谷魂，一直叫进寨子，将新谷送到佛寺及家神处供祭。祭过神后，表明神已经先吃过新米了，人们才开始收割，然后再煮新米饭吃。

有的地方是到田里用一对蜡条祭谷神，由祭师念《鲁弄》（《白鼠经》），念毕，众人下到田里先选摘已经成熟的颗大粒多的谷穗，再捋一把谷粒，用白布包起来，一起放进提箩里搬回家，也是边走边叫谷魂。回到家敬过神后，将谷子放进锅里炒，炒焦后捣成面，和进糯米饭，同鸡蛋和鸡肉一起拌匀，供家里妇女专享。还有的地方则是将谷穗掐回来后供在火塘前的祭台上，宰两只鸡祭祀。举行过尝新仪式后，过几日待稻谷全部成熟后开始收割。收割完后再煮一锅新米饭，宰一只鸡，煮一块腊肉，置办一桌丰盛的饭菜，邀亲朋、邻里的长者前来吃新米，不过在大家开吃之前，先要盛一碗新米饭慰劳辛苦一季的牛和狗，之后众人才开吃。而这一餐，据说人们都要吃得肚胀腹圆，这样明年就会有更多的余粮。

聚居在西盟、沧源地区的佤族也过“新米节”，这是他们最喜爱的节日。没有具体日期，一般在农历八月中旬。当人们在田地里发现新成熟的谷子，就要到河里捉来一只螃蟹，将螃蟹肉掏出，然后用红、黑、白三色的绳子将螃蟹壳挂在谷穗上，以此来催促地里的其他农作物更快地成熟。当地里的作物成熟了以后，人们选定一天收割，收割的日期就是“新米节”的日期。节日这天人们要先收割一部分谷子，然后脱粒，并请巫师念经，从收获地里一直念到主人家。巫师进主人家的门，表示谷魂已请回来。主人便将新收获的谷子舂成米，煮一锅饭，盛出7碗，饭头上各放一块大肉，再打7碗水酒，一同放在供台上，请天神、地神、山神、谷神、列祖列宗来享用。又点亮7根香火，巫师就做奠祭仪式。接着把供过的新米饭先请老少品尝，这是对神仙祖先的尊重，对老人和孩子的珍爱。同时当天还要宰鸡宰猪，拿出水酒请乡邻朋友尝新。夜幕降临，同胞们聚在一起，围着灼灼的篝火，伸出油亮的手臂，踏着木鼓强烈的鼓点，和着调子，彻夜不眠地欢度“新米节”。若有远客，主人便请客人共度良宵。“新米节”的第二天，全寨青年出动修道搭桥，准备好驮运新谷进寨的道路。妇女们更是不闲着，修补谷囤箩、篾笆、打扫楼内外的尘土，浆泡棉毯，清洗物件。“新米节”的最后一天，人们尽兴欢乐，青年男女吹着悠扬的口弦，各自寻找着喜爱的情侣。三天过后，人们便开始紧张的秋收。

佤族甩发舞

云南哈尼族的“尝新节”也称“吃新谷节”，每年农历七月的第一个龙日举行，庆祝从即日起可吃上新谷。节日当天清晨，族民到稻田里背回一捆稻子，然后栽在离家不远的水井边或是菜地的水沟旁。在背稻子回来的路途中，无论遇到生人还是熟人都不准讲话，这样做是为了防止在交谈中说出不吉利的话。当天下午，举行吃新谷仪式：首先要宰一只阉鸡，把采来的新成熟的各种瓜豆蔬菜烹饪成菜肴，其中要有一碗嫩竹笋，象征着蓬勃向上，预祝来年的收成像竹笋一样节节高升。做好饭菜后，再把早上背回的谷子拿来，搓粒后放在锅里烘焙，直到炸出米花，但米花首先必须先给狗吃。先喂狗以新米意在告诫“新米节”不应忘记狗的功劳，要好好回报它们。开始聚餐前，一家人要先吃米花，吃新米花时，大家用手抓，抓起来要放在手上数一数，如果是单数就可以吃，如果是双数就得放回去重新抓，直到抓到单数为止。

拉祜族“新米节”

拉祜族也把“尝新节”叫做“新米节”，每年七月底至八月初举行，具体日期不定，谁家谷子先成熟，谁家就先过节。过节当天，主人要把谷穗挂在正门上，远近的亲朋好友要携带礼品前来向主人祝贺，主人也要准备宴席款待客人。过节时，还要准备酒、鸡肉等食品祭祀祖先、神灵。要先献新米给寺庙神灵，再祭家神、天神，最后让牲畜吃节日食品。晚上，寨上举行各种活动。全寨老少集中在某家院子里或晒场上，男女青年吹奏芦笙，跳起舞蹈。青年男女还借此机会寻找自己心仪的对象。老人们则坐在竹楼上，共叙家常。

基诺族的“新米节”，一般在雨季过后、新稻谷成熟的农历九十月间举行。基诺族的节日与众不同，他们不聚会，不穿新衣，只是各家各户自己过节。节日里每个基诺族家庭已新米满仓，家中的主人背着鸡笼、装进自家的几只小鸡，到田野里采来各种野花，一边把花插在鸡笼上，一边摇着装有银币或银手镯的细篾盒唱“谷魂歌”，俗称“叫谷魂”。叫完“谷魂”要径直回家，不能回头，否则来年歉收。走到岔路口还要放一捆插满鲜花的稻草。回家后，要宰鸡宰猪，把鸡头或猪头供奉谷魂。然后全家吃节日饭，但饭前全家必须跟着家长虔诚地念诵寨神、井神和祖先的名字，祈求全家得到神灵的保护。节日期间，村寨的年轻人都邀请外寨的青年男女到山间对歌，寻找意中人。

拉祜族“吃新节”

阿昌族的“尝新节”，当地语叫“佳舍甲”，是历史悠久的传统祭祀节日，每年农历八月十五日举行。当地流传着这样一个故事：有一女性祖先，心地善良，勤恳善耕。她经常传技于他人，使阿昌人年年丰收，岁岁平安。临终前遗嘱大家：往后如每到八月十五，用我的拐棍捆上一棵新包谷，靠在堂屋里，保管你们有吃有喝。当地流传成俗，成为大家共同的节日。因此，每到这天，阿昌人便把屋里屋外打扫干净，再到地里拔下一棵籽儿结得又多又大的芋头，又砍上一棵结双穗的包谷，然后把芋头和包谷一起捆在竹竿上，整齐地放在房屋的左角或右角。随后煮上新米饭，宰上一只鸡，摘来脆栗甜梨，摆在祭桌上。祭献时，全家人都要站在堂屋里，由掌家的主人念诵祭词：“阿昌族的老姑太，今天是尝新节，吃新米、新包谷了。托您保佑，求您赐福免灾，得吃得穿。”

景颇族“新米节”，又称“吃新谷”，与拉祜族、佤族一样，谁家的谷子先成熟，谁家就先过节。过节前一天，主人拣一捆成熟的糯谷，用插满鲜花的篮子背回家中，放在鬼门边。第二天邀请亲朋好友到家里做客。由于节日期间不许宰牲畜，所以席间只吃鱼虾。老人还要在仪式上讲述本民族历史，传授生产经验。宴后主人还用和上生姜后炒熟的扁米，用芭蕉叶包成小包，分别送给亲友。

每年农历九月到十月稻谷成熟时，怒江流域的傈僳族要过庆祝丰收的“尝新节”。节日这天人们怀着丰收的喜悦心情背着背篓，提着箩筐，兴高采烈地到田里拔回金黄饱满的谷穗，加工后做成香喷喷的新米饭。再把肉与新米搅和在一起全家共餐。食用前，按照古俗要先取少量喂狗，以表谢意。晚上，全家人围坐在火塘边吃团圆饭，须要全家人齐全才能开始，当地人认为要家庭和睦。“新米节”期间，家家都要讲礼节，话团圆，亲亲热热地围坐在火塘边聊天喝酒，谈笑唱歌。最后，全村男女老少又聚集到寨子中央，手拉手，通宵跳舞，喜庆丰收。

纳西族的“尝新节”，又称“吃新米节”，不是每年举行，而是逢农历羊年、鼠年、狗年、兔年的八月的鼠日举行，且要在十五日前就选定节期。因为，鼠为十二生肖之首，加之鼠与粮食关系密切，狗乃从天界将五谷偷到人间之功臣，羊、兔为保护神。纳西语中的“鼠”与“富库”音相近，人们就认为鼠日是个吉祥的日子，意在希望来年风调雨顺、五谷丰登。节日这天，要挑选一些颗粒饱满的稻穗，回家后加工成喷香的米饭，摆上好酒好菜，请亲戚好友共同尝新。吃前，也要先将新米饭捏成饭团喂狗，以示不忘其恩。

普米族也是根据农作物收获时间定“尝新节”的节期，不过大家多选农历七月的一个吉日举行。节前要先准备一坛自酿的白酒和苏里玛酒，做荞麦粑粑。节日当天宰鸡宰羊，煮猪膘肉，先进行祭祀活动，将新酿的米酒和新煮的米饭献给“藏巴拉”和灶神，然后掌上灯盏祭祀祖先。祭祀结束，新煮的第一碗米饭要给狗吃，以感谢狗给人们带来谷种；新酿的第一碗酒要给老人喝。最后，全家人坐在一起，饮新酿的米酒，吃新煮的米饭，以庆祝丰收。

彝族分布广泛，南北秋收时间不同，且有的在收割之前举行，有的在秋收后操办，因此各支系的“尝新节”节期并不相同。云南大理州祥云县鹿鸣一带的彝族则选在每年农历八月十五日开镰收割稻谷之际。节前，也要通知至亲好友来参加。主人家准备好丰盛的食品，有的还要宰羊。尝新前，先把舂出的新米饭配以鸡、羊肉等菜肴祭祀祖宗和神灵，以示感激，并祈求来年风调雨顺、幸福平安。就餐时，主客相互敬酒，客人称赞主人的勤劳，并预祝来年丰收，主人则感谢祖先保佑、神灵关照和亲朋好友的帮助。吃新米时，先敬席间长者，然后是幼儿，最后大家一起吃。而云南峨山和巍山的彝族在每年的十月秋收后择吉日举行。届时，出嫁的姑娘和在外成家的儿子都要带上新米和其他礼物，回到父母身边来，以谢父母的养育之恩，同时和父母共享丰收的果实。他们的节日一般是一家一户单独过。吃新米的同时，还要祝愿来年风调雨顺、庄稼更好。也有的地方要宴请其他朋友，并将新米饭做成各种各样的饵块染上色，分送亲友邻里。四川凉山的彝族则在十月过“新米节”，节俗与其他彝族大同小异。

苗族“尝新节”，节期多不确定，各支系也多不一样。雷山县西江的“吃新节”的影响较大，不仅本支系过，周边台江、凯里等邻近地方的各族人民群众都来参加，经常是上万人的盛会。而且每年要过两次，一次在农历七月卯日过，叫“吃秧苞卯”，即稻谷刚打苞孕穗时过；一次在农历八月卯日过，叫“吃残残卯”，即稻秧抽穗开始有米粒时过。七月卯日过得较简单，各家煮点肉，从田中摘来新谷穗，搓几粒米同饭一起蒸，简单祭祀就行。八月卯日过得较隆重，各家各户都要从田中掐来壮实的水稻秧苞，拿几根放在堂屋的香火台上，又拿几根白嫩的谷穗放在糯米饭上，并宰鸡鸭、捕鲜鱼、做甜酒等，以敬祭祖宗。还要敬桥、凳、岩妈、花树等神灵，目的是祝愿丰收和保佑儿孙平安无事，幸福快乐。节日期间，男女老少都身着节日盛装，只吹芦笙，不跳舞。此外还有斗牛、斗雀、赛马、青年男女互对情歌等活动，自然周边群众也来盛情参与。

而都匀苗族的“尝新节”在每年农历七八月间，在水稻成熟之前，选龙日或蛇日举行。日子决定后，要通知亲朋好友同来庆贺，若亲朋同选一天，则要相互派人前往。“尝新”以当年水稻为主食，另备鱼肉、鸡鸭、猪崽。新稻炒干去壳，煮蒸成饭。备好新米饭和酒肉后，要先敬祖宗，后叫米魂。敬祖宗时只用白话唤祖宗来领受。所有的祭品不准先尝，违者视为不敬。叫米魂则用五字诗词朗读，或以民歌调子由两个以上的未婚姑娘演唱，称为“米姑歌”。

布依族也十分重视“尝新节”，在布依语中称“更好慕”。因各地谷期不同，节期也不固定，不过多选在农历八月初六至初八这三天。

一些地方妇女们要早起邀集亲朋邻居到田野去采新谷，摘来一束谷穗象征性地挑回家，先敬祖先再大家聚餐庆祝，且晚饭前也一定要先喂狗。云南罗平一带，嫁出去的姑娘要回家过节，祭祀祖宗，唱丰收歌。贵州西南部的罗甸、望谟、册亨一带，则要把从田里摘回的谷穗，放到锅里煮或蒸，晒干后舂去谷壳，再用开水泡胀米粒，制成别具风味的糯米饭，意味祈祷谷粒更加饱满，收获丰收。

侗族的“尝新节”也称做“新米节”，有的在农历六月初六，有的在七月初一。节日活动内容也不尽相同，有的地方要煮新米和鸡鸭鱼等祭祀祖先，以示感谢祖灵保护庄稼丰收；有的地方则要大宴宾客，互祝丰收；也有的地方只是数家欢聚以凑热闹；有的人家邀请出嫁的姑娘回娘家，并将大量的粽粑让姑娘带回婆家。不过多数地方这一天要演唱侗戏。演唱时，演员边唱边表演简单动作，并伴以侗族琵琶、牛脚琴、铃、锣、鼓等乐器。内容多反映侗族社会的历史，以及侗族民间传说等，因有浓厚的民族风格，故受侗族人欢迎；这天还要进行斗牛、对歌等活动。

仡佬族普遍重视“吃新谷节”，由于多在八月举行，也叫“八月节”。但节期各支系也有些不同，披袍仡佬的“吃新谷节”与哈尼族一样是在七月的第一个龙日，其余大部分则在每年农历八月十五到廿日举行。披袍仡佬“八月节”第一天叫采谷，从“田娘”（最初的一块田）开始，出发时先男后女，逢田便捋谷。也可以到周围其他民族的田里捋谷，其他民族并不责怪，其意为纪念祖先自由耕作、自由收获的传统。另外还要采一些传说是老鼠吃的小米、毛稗、草籽。凡准备祭品时舂出的碎米、糠不能喂鸡喂猪，连淘米水也要在节后才可喂牲口。祭祀前，不能先尝供品，连闻一下也算不恭敬。先宰鸡祭天地和四大山神，然后宰牛，牛的各个部位肉都要分给大家。第二天的祭祖仪式与平时不同，不用桌凳、筷匙、杯碗，而是将一个大簸箕放在地，把饭菜连锅甑放在上边，用马勺舀菜，用手抓饭，认为当时祖先没有碗筷，这样做表示没忘祖先。

而大部分仡佬族村寨则是第一天祭祀，第二天吃新谷。届时，男女老少纷纷换上新衣服，聚集在寨子里最宽敞的坪上。族老指定的几位壮汉将头戴红花的大牯牛牵入场地。这时，全寨的最长者“族老”对天祈祷。人们奏起“八仙”乐曲，鸣响火枪，燃起鞭炮。然后，将牛宰掉，把牛心平均分给各户，由各户家长将其供祭在祖先灵前，以示全族团结一心。接着在族老的率领下，众人将宰好的猪、鸡、鹅三牲端到菩提树下，以祭祖先。仪式完毕，全族聚餐，狂欢至深夜。第二天，各家各户才前往田间采回一些新鲜谷物、瓜果，用以家宴。完毕后，妇女们带着子女，给娘家亲戚送去一些时鲜礼品，以示祝贺。男人们则互相拜访，饮酒谈天。青年男女仍旧歌舞娱乐。节日过后，开始秋收。

瑶族的“尝新节”多在每年谷物成熟的季节举行，具体时间各地也不同。湘南、桂北一带多在农历六月，金秀大瑶山在农历九月，十万大山一带则在农历八月。节日正值谷物成熟待收，人们欢欣鼓舞，家家户户宰鸡宰鸭，煮酒备菜。各村社集体祭祀雷神等神，并品尝新粮，庆祝丰收。当日早上，每家从自己的田地中摘些刚成熟的谷穗回来，去壳后与旧米合锅煮熟，这与德昂族的新米换旧米的说法相同。有的全用新米煮饭，俗称“新米饭”。新米煮熟后，必须让狗先吃，以表敬意，瑶族民间也普遍传说谷种是狗带来的，同时这还与瑶族祖先盘瓠是龙犬的传说有关。一些地方还要祭祖，感谢祖先的庇佑，使得谷物丰收。然后，全家围坐一起品尝新米饭。

云贵高原东北部土家族的“尝新节”在中秋前后，各村寨也是根据庄稼成熟情况，择吉日举行新米尝新的节日。清晨，妇女们下田捋稻谷，男子在家宰鸡宰羊，所宰的猪最好是刚满两个月的小猪。捋来的新谷子，焙干后舂成米煮新饭。煮时，由年长者拿一碗旧米与新米同煮，表示年年有余，新米旧米接着吃。饭熟后，第一碗饭要给狗吃。由于这天是收获的喜庆日子，土家族也喜欢在这天举办订婚仪式。男女青年在这天相邀出去玩乐，老年人则在家中接待亲家。如果双方同意，便喝下互敬的米酒，定下儿女的终身大事。

西双版纳的“泼水节”

“泼水节”是傣族、德昂族、布朗族、阿昌族、佤族等少数民族共同的年节，柬埔寨、泰国、缅甸、老挝等国也过“泼水节”。“泼水节”，傣语又称“楞贺尚罕”，即傣历新年，每年公历4月12日左右举行，节期为3~4天。第一天叫“腕多桑刊”，意为除夕，最后一天叫“腕叭腕玛”，意为“日子之王到来之日”，为新年元旦。中间叫“腕脑”，意为“空日”。德昂族、布朗族、佤族与傣族时间相同，阿昌族“泼水节”则在农历五月廿三举行。

泼水的习俗源于印度，是婆罗门教的一种古老宗教仪式，后被佛教所吸收，成为佛教的一种仪式。在大约七百年前，经缅甸，随南传上座部佛教传入云南西双版纳地区。随着时间的推移，泼水仪式逐渐演变为“泼水节”，因此，傣族“泼水节”又名“浴佛节”，但节日期间，除祭祀、浴佛外，庆祝与欢娱的活动日益增多，场面更为壮观。

现在，“泼水节”已成为西双版纳、德宏地区等地少数民族最隆重的传统节日，一般都在“腕脑”这天举行。在众多民族的“泼水节”中，以傣族的“泼水节”历史最久，场面最热闹，影响也最大。而泼水的习俗也已由原先的宗教仪式演变为人们相互祝福的一种形式。

西双版纳地区关于“泼水节”的来历也流传着许多不同的传说，其中比较流行的是“七姑娘杀恶魔”的传说。傣族人民为纪念7位勇敢的姑娘，每年在傣历六月底都要浴佛、“赶摆”，送旧迎新、相互泼水，用清净、吉祥的圣水洗去污秽，洗除疲劳和灾难，祈盼风调雨顺、五谷丰登、国泰民安。

在节日来临前，傣族家家户户便忙着宰猪、宰鸡、酿酒，还要做许多“毫诺索”（年糕）以及用糯米做成的多种粑粑，在节日里食用，同时要制新衣，收拾房屋，家里焕然一新。节日一般都分上山采花、赕佛、献佛、沐佛、泼水祝福、跳舞娱乐等几个过程。

傣历新年的第一天清早，人们先用采来的鲜花绿叶到佛寺供奉，担来碧澄清水为佛像洗尘。然后群众性的泼水活动才开始。开始泼水时，彬彬有礼，姑娘们提着一小桶掺有香水的凉水，用树枝蘸水向长者、来宾脖后轻轻泼洒，以表示祝福，这是礼节性的泼水。泼水进入高潮时，只见一群群男女青年，用铜钵、脸盆盛水，涌出大街小巷，嬉戏追逐，逢人便泼，从头到脚，全身湿透。“水花放，傣家狂”，“泼水节”成了狂欢的节日，平时彬彬有礼的傣家少女，顿时活跃起来，不甘示弱的与小伙子们对泼。水花在空中飞舞，传递着吉祥与祝福。这是吉祥的水，祝福的水，人们尽情地泼，尽情地浇，不论是泼者还是被泼者，都异常高兴，笑声朗朗……

“赶摆”与“丢包”是“泼水节”的重要活动之一，在新年的第一天举行。“赶摆”也是野外联欢活动。“丢包”是傣族未婚青年在节日期间最为浪漫而含蓄的活动。姑娘手中的花包，是她们精心制作的，花包内装有棉籽或绵纸，花包四角和中心缀着五条花穗，这是姑娘传情的信物，所以称为丢包传情。“丢包”开始时男女青年分为两个阵营，相距三四十步。起初，姑娘们似乎无目的地把花包丢向对方，要是小伙子接不住姑娘丢来的花包，就把事先准备好的鲜花插在姑娘的孔雀髻上，姑娘接不住小伙子丢来的包，就把鲜花插在小伙子的胸前。渐渐的，姑娘与小伙子有了默契，相互选中了，姑娘手中的花包会准确地丢向目标，小伙子也会稳稳的把花包接在手里。飞舞的花包，含蓄地传递着傣家青年男女纯洁的情感，浪漫地表达着傣家青年追求恋人的方式。

“泼水节”期间，在宽阔的澜沧江上，要举行划龙船比赛。赛龙舟一般在新年的第二天举行。水船扎以彩花，装扮成龙、孔雀、大鱼等形象，由数十男女青年奋力划桨前进，两岸观众如云，锣鼓声、喝彩声响彻云霄。赛龙舟活动，已成为傣历新年节日活动中场面最壮观、最激动人心的一项活动，把“泼水节”推向高潮。

夜晚，傣族各村寨还要燃放自己制作的焰火，叫做“放高升”。用一根数丈长的竹子，在根部填以火药等配料，置于竹子搭成的高架上。点燃引线，火药燃烧，竹子即如火箭一般飞入云天，在空中喷放出绚丽烟火，到处是花团锦簇，群星闪耀，光彩夺目，把节日的夜空妆点得特别美丽。夜晚，傣族青年要围着篝火，这时，能听见独具特色的章哈演唱，大家在“金筂”、铓锣、象脚鼓的伴奏下跳起欢快的舞蹈，有的跳“孔雀舞”，有的跳“白象舞”，也有的跳“玉腊呵舞”，经常跳到深夜，甚至通宵达旦。

共舞多姿多彩的傣戏

德昂族“泼水节”与傣族的“泼水节”比较相似，但又有所不同，多在农历4月中旬左右举行。德昂族的“泼水节”也有一个美丽的传说：古时候天上仙女们羡慕人间美景，就悄悄地飞到人间。在一次洗澡中不慎被人们发现，仙女们含羞披衣飞回天庭，临别时赠语德昂族先民，只要在每年清明节后给佛洗身，互相泼水，上天就会降福给人间。从此，德昂族每年举行“泼水节”以祈祷幸福。

临近节日前，德昂族百姓忙着准备制作新衣，做米粑，制好水龙、水桶等泼水工具。老年人则齐集佛寺，搭建“泼水节”时为释迦牟尼雕像洗尘的小屋、架好水龙。节日当天，大家齐集寺院，姑娘提桶端盆，把吉祥之水倒入槽中，流向佛像，为佛洗尘。然后，由德高望重的长者手持鲜花，蘸水轻轻地洒向周围的人群，向大家祝福，祝贺新年的开始。然后，年轻人要将水桶高举头顶，将水滴洒在老年人的手上，祝愿人们生活快乐、健康长寿。老人们则伸出双手，将水捧在手中，口念祝词，为年轻人道喜、祝福。之后，大家在象脚鼓的前导下，排成长队，拥向泉边、河畔，唱歌、跳舞，互相追逐、泼水。

同傣族一样，德昂族的“泼水节”也是男女青年谈情说爱、寻找心上人的好时机。但与傣族的“丢包”不同，德昂族则流行在“泼水节”前赠竹篮子，趁夜深人静串姑娘时，将篮子分别送给自己所中意的姑娘，并把最漂亮的送给自己最喜爱的姑娘，以此表达爱意，试探对方的反应，而答案只能在“泼水节”这天揭晓。姑娘究竟钟情于谁，要看泼水节姑娘背的是谁送她的那只竹篮。因此，“泼水节”这天，德昂族姑娘们人人都背上一只精致美观的竹篮，小伙子们则睁圆双眼，紧盯着姑娘们身上的竹篮，仔细辨认着心上人所背的是否是自己所送的竹篮。一对对情人相遇后，便互相尽情地泼水、嬉戏，以表达自己激动、喜悦的心情。

云南德宏一带阿昌族的“泼水节”，又称“桑建节”或“浇花水节”，节日来源于阿昌族的锥栗树神桑建战胜恶魔给人们带来幸福的故事。每年农历五月廿三举行，节期四天。节日第一天，身着盛装的青年男子汇集起来，进山采锥栗花。行进途中，要有人在队伍前面挥舞阿昌刀，其他人边放枪边走，采花前还要放鞭炮。采花返回时，一路上要敲象脚鼓。留在村里的妇女们则要准备好苏子粑粑，听到枪鸣，立刻到村外迎接采花队伍。小伙子们向姑娘献上锥栗花束，姑娘们将粑粑献给小伙子。吃完粑粑，大家一起边歌边舞回村。村里的老人们则在广场上立好竹竿，迎接采花队。人们把锥栗花一圈圈扎在竹竿上，搭成花塔或花轿。夜晚，人们围着花塔、花轿，载歌载舞到深夜。第二、三天的活动主要是浇花，男子敲响象脚鼓、铓锣等，扛着四色彩旗在前面开路，姑娘们则排成一长串到河里挑清水来浇花塔、花轿，并用清水沐浴花轿里供着的佛像。第四天是节日的高潮，人们互相泼水祝福，但阿昌族的泼水则要文雅许多。首先要请村子里五十岁以上的老大妈按年龄依次排成一排，姑娘们将清水泼洒在老人们的衣袖或手里捏着的汗巾上，以示消除灾难祝福长寿。然后，未婚男女青年互相泼洒，要求器具干净和泼水清澈。泼水时还得先用歌声问对方是否同意，同意后由男的先泼，女的后泼，并互相祝福，说声“阿弥陀佛”。泼完后，有情者则相约到草地或山坡上对歌，直到太阳落山才散去。

阿昌族还有一个特别有趣的习俗，“泼水节”期间，姑娘家要备好八大碗菜肴招待来串门的小伙子，等参加聚餐的人数相符，大家才落座入席。而小伙子要在别人不察觉的情况下把姑娘家的鸡头偷走，如鸡头被姑娘查出来，要罚偷鸡头者一碗酒，否则就要罚姑娘喝酒。如果偷者被人当场抓住，不仅要受罚，还要被姑娘取笑；酒后小伙子要根据菜价，将钱在不让姑娘察觉的情况下交给姑娘。

布朗族的“泼水节”也称“厚南节”，也是布朗族最重要的传统节日。节日来源于布朗族关于太阳月亮的传说，所以也称为“迎接太阳的节日”。因此，节前人们事先在村东搭一彩棚，在太阳还未升起时，大家即穿着一新，带上摆着糯米、酒、肉和芭蕉的小篾桌，来到彩棚处，随着太阳的冉冉升起，由村中德高望重的老人主持迎接仪式，人们迎着太阳载歌载舞，然后就地早餐，吃完早饭，列队到佛寺中堆沙、插花、浴佛，用树枝蘸水向老人滴洒，然后青年男女则互相泼水以示祝福。泼水一般在山寨的水池边举行。节日期间也有与傣族青年男女一样玩“丢包”的游戏，还经常举行一种特殊的游戏——打竹球。

水是圣洁、美好、光明的使者，是生命之神，互相泼水，就送去了最真诚的祝福，满身湿透，吉祥平安。因此，节日期间泼水送去祝福已广为南方地区少数民族认同，在许多节庆活动中也都有类似的仪式与习俗。现在，已有傣族“泼水节”列入国家首批非物质文化遗产保护名录。

茶马古道的交易节日

“茶马古道”是指唐宋以来我国西南地区与西北部以及南亚、西亚诸国之间进行茶马交换而形成的一条贸易通道。“茶马古道”主要分南、北两条道，即滇藏道和川藏道。南线是以西双版纳、思茅的普洱茶为主要交易品种，要经过大理、丽江、德钦、昌都等地区；北线的茶叶则源自长江沿线，经雅安、康定或成都、松潘运往中国内蒙古、新疆乃至西域。因此，大理、丽江、松潘、康定、昌都、西宁等都是“茶马古道”的重要驿站，也就有了大理三月街、八月渔潭会、正月棒棒会、丽江三月会、七月骡马会、黄龙市庙会、羌塘赛马会等著名的传统交易盛会。

一年一度的大理白族三月街，又名观音市，是西南地区历史最为悠久、影响最大的大规模传统物资交流会。节日在农历三月十五日开始，节期一般3～5天，多到10天。

会址在大理古城西点苍山中和峰之下，背靠苍山，面对洱海，地势开阔，水陆两便。早在三国时期，白族祖先之一的“河蛮”已在这里“建城邑，务桑农”，早有集市贸易。由于大理地理位置优越，气候宜人，是洱海地区经济、文化中心，历来是滇西的商品集散地，又是古代南方丝绸之路的必经之地，处于中国与中南半岛及印度的交通十字路口，加上洱海周边，土地肥沃，居民人口较多，农产品的交换早已有之，并盛行不衰。特别是唐宋以后，“茶马古道”已成为当时西南地区与北部、西北部游牧民族以及西域、南亚诸国商业交易的重要通道，而大理是南线“茶马古道”的必经之路，因此商业贸易发展很快，很早就已成为西南地区最著名的节日盛会。每年节日期间，白、回、汉、藏、彝、纳西等族人民盛装赴会，热闹非凡。1636年徐霞客来到苍洱之间，逛了两天三月街，在其《游记》中描绘道：“俱结棚为市，环错纷纭，千奇交集……男女杂沓，交臂不辨……十三省物无不至，滇中诸蛮物亦无不至。”明代李元阳《云南通志》也有类似记载：“三月三日至十五日，在苍山脚下贸易各省市之货，自唐永徽间至今，朝代累更，此市不变。”清末《大理县志稿》载：“盛时百货生意颇大，四方商贸，如蜀、赣、粤、浙、桂、秦、黔、藏、缅等地，及本省各州县之云集者殆十万计。马骡、药材、茶市、丝棉、毛料、木植、磁、铜、锡器诸大宗生理交易之，至少者值亦数万。”

每年农历三月十五至廿十日举行的大理三月街，是白族的民族节日，但到处是身穿节日盛装的纳西族、彝族、藏族、傈僳族、普米族、苗族、回族的群众，因此也是一个少数民族的节日盛会。传统三月街物资交易以骡马、山货、药材、茶叶为大宗。从古城西门通往街场的二三里的道路两侧，摆满了各种摊档。采自苍山的天麻、虫草、三七、当归、党参、“雪山一枝蒿”，来自藏区的藏红花、鹿茸、麝香、熊胆等名贵药材；从花纹清新秀丽的大理石制品，金黄色的精巧草帽，苍山的竹器，洱海的弓鱼、虾干，到剑川的木器，永胜的细陶，祥云的泥塑，宾川的蜜饯，腾冲的玉器……各地土特产，应有尽有。

为期六天的三月街，每天都有一二十万赶街者，附近各省乃至中原、江南和东北各地，都有人到这儿开展贸易，是名副其实的贸易盛会，也是文化娱乐的节日。节日期间，彝、白、回、藏各族还要赛马欢歌，当然节日里还会举办灯展、花展，青年男女们则还要举行射弩、秋千、赛马、龙舟等活动。人们还可以看电影、看展览、对歌、跳舞、看滇戏、耍花灯、听曲艺……其中，当地的“霸王鞭”舞蹈，很受观众欢迎。身着民族盛装的各族男女群众打着霸王鞭，敲着金钱鼓，载歌载舞。霸王鞭用竹木制成，长约1米，用彩布分缠五节，每节挂数枚铜钱。舞者在锣鼓、唢呐声中，击鞭起舞，做出各种矫健优美的舞蹈动作。只见那彩鞭忽而像银蛇缠身，忽而似金龙飞舞，当彩鞭碰击舞者的肩、臂、腰、腿时，发出了有节律的“嚓嚓”之声，令人赏心悦目。

三月街还是白族青年男女结识相会、谈情说爱的佳期。在大理，情人相恋的美好去处，莫过于蝴蝶泉。一对青年男女为坚贞不渝的爱情而跳潭化蝶的传说，使蝴蝶泉成为大理地区最富浪漫色彩的胜景。“大理三月好风光，蝴蝶泉边好梳妆。蝴蝶飞来采花蜜，阿妹梳头为哪桩?”这动人心弦的歌曲，带着三月盛会的祝福，飞出大理，飞遍祖国四面八方。

白族三月街

如果说大理三月街是一个春季物资会的话，大理白族“八月十五街”的物资交流会，也可以称作秋季交易会，当地人也叫“渔潭会”。虽然该节不能与三月街相比，但也是规模较大、有一定影响的交流会。每年农历八月十五日，大理、洱海一带的白族群众都要到苍山洱海最北端的洱源沙坪去赶“渔潭会”，会期也长达7~8天。

“渔潭会”的由来与三月街类似，据考也是始于唐代。当地流传的传说也与观音有关。不过这次制服的是红鱼精，渔民于每年农历八月十五日红鱼精出洞这天在渔潭坡上赶会，交易捕鱼网具和鱼叉，是让红鱼精看到熙熙攘攘的渔民们在交易捕鱼网具后感到害怕，不敢出洞兴风作浪。随后“渔潭会”由交易捕鱼网具发展为物资交流大会。

会期除农具、渔具及大牲畜交易外，“渔潭会”最有特色的买卖是置办嫁妆。这还与当地白族的婚礼习俗有关。大理白族的婚礼一般都集中在腊月，而订婚则在农历八月以前。按当地风俗，男方在订婚后要先送部分彩礼给女方。因此，人们就在“渔潭会”上置办彩礼，如柜子、玉镯、服装、刺绣品等。久而久之，嫁妆交易成了“渔潭会”的主要内容和特色，因此“渔潭会”还有个更有吸引力的名字——“嫁妆会”。因时逢中秋团圆节，又以置办嫁妆为主，“渔潭会”洋溢着“月圆人更圆”的浪漫气息，是白族人民幸福生活的缩影。

“渔潭会”期间，各地商人结棚为市，交易物资以著名的邓川奶牛、剑川木雕家具、腾冲玉器、白族妇女金银首饰、民间剪纸、挑花刺绣品等为主。会期成双结队的白族男女青年云集“渔潭会”，采购金银首饰、玉器用品、箱箱柜柜和桌椅等家具以及电视机、收录机、单车、手表等高档商品。外地商贾云集“渔潭会”，则购买邓川乳牛、骡马、耕牛和药材等地方土特名产，外商多来自山东、河南、陕西等省市和省内思茅、临沧、保山、丽江、中甸等州市。现在还可以经常看到到此观光旅游的外国人和港澳同胞，也在“渔潭会”选购各自喜爱的商品。节日期间，与三月街一样，到处可以看到丰富多彩的文体活动。

丽江古城大研镇，也是“茶马古道”上的一个商业重镇，因此每年在这里也举办类似的节会。正月十五日的“棒棒会”就属于这样的交易会，纳西语称“米拉会”，意为木棒的交易会。

关于这个节日的由来有这样的说法：早年间每到正月十五，当地土司就在玉皇阁请喇嘛念经，超度祖先的亡灵。清朝雍正元年，实行改土归流后，农民、手工业者就经常在这一天在木土司的官衙门前摆摊售货，以后便逐渐形成了交易各种竹木农具的日子。民间还有一种说法，认为“棒棒会”是纳西族群众对企图反对改土归流的木氏家族的一种示威和抗议。只要木土司敢行复辟行径，人们便可随时操起棒棒对付他。

实际上，纳西族是一个农耕社会的民族，由于条件限制，农具大都是木制的，因此需要举行木棒交易会。不过节日不仅是一次交流会，也是周边百姓的一次聚会。节日里，人们将自己带来的棒棒摆上货摊，进行交易。棒棒的品种也很多。“棒棒会”后，人们拿着自己满意的棒棒回家，赶制斧把、锄把等农具，以迎接春耕的到来。同时节前还可以在交易会上看到各种精彩节目。

期间的“麒麟舞”会就非常具有纳西民族特色，“麒麟舞”为丽江纳西族大型舞蹈，其布局是以麒麟、凤凰为主，以各种动物为辅。演出的刀具均用竹子编成，演员也都是很有经验的人。春节期间持续表演，到正月十六日晚，要举行盛大送麒麟仪式，舞蹈结束后将演出所用刀具全部焚烧，以示麟、凤返回天国。

五天以后，丽江白沙街还有一个专类商品的大型交易会，与“棒棒会”不同，这次交易的各类农具和其他土特产品，都是为春耕作准备，因此人们称该节日为“白沙农具会”，纳西语称“当美空普”。由于这次交流会上物品的数量和种类都是一年中仅有的，因此周边各族群众大多参加。

丽江的“三月会”，又称“龙王会”，规模自然无法与大理“三月街”的相比，会期从农历三月廿八开始，一般为5～7天，节期也要晚近半个月，但该节日也已有二百多年的历史，也是纳西族的一个重大节日。以前该节以骡马交易为主，是西南地区知名的骡马交易盛会。

据传，“三月会”原也是祭龙节日，先在井边河畔点灯烧香，后移至黑龙潭，祈求龙王赐予风调雨顺，五谷丰登。“茶马古道”兴盛后，当地商业劝工会就在庙会期间组织物资交流活动。庙会期间，往往举行演戏、赛马、歌舞等各种文化娱乐活动。

丽江古城在历史上的繁荣，源于优越的地理位置，是南线“茶马古道”进藏的必经之路，因此丽江交易会颇多，是滇西北最重要的商贸口岸。每年农历七月十日至十五日，在丽江古城狮子山西边的山坡上也要举行一个骡马交易会，叫“七月骡马会”。届时，附近各县的农民及客商都前来做骡马生意，一个会期中上市或成交的牲畜多达一两千头，当然也有牛羊、农具、各地土特产品的交易。

“七月骡马会”期间，人们白天赶会，逛会，看展览，看演出，从街头到会场的 3 公里路上的人流从不间断。日落黄昏，华灯初上，四方街、新大街和广场上，人声鼎沸。有的吹笛子，有的奏芦笙，有的对唱“谷气调”，有的围圈跳起《阿丽里》和《哦默达》。因此，纳西七月会，名声在外，特色鲜明。

北线的“茶马古道”，多从雅安出发，一条经成都、松潘前往西北、内蒙古，因此松潘便成为川北的一个商业贸易重镇。而每年农历六月十五日举行的黄龙寺庙会，便是当地阿坝州羌族、藏族人民的一个贸易盛会。

黄龙并非龙，而是一个人。相传大禹治水时，乘舟沿岷江而上，因黄龙力大无比，充当先导，为治水立下汗马功劳，为纪念他的功绩，从明代开始在此修建黄龙寺，并在每年农历六月十五日举行纪念活动。六月初十以后，四川阿坝州和青海、甘肃等地的各民族人民，骑着骏马，带着帐篷和各种土特产品，陆续赶到黄龙寺参加庙会。届时，老人们进寺烧香、磕头、祈祷，年轻人唱歌跳舞。两边山脚林间，摆满货摊，吃的、穿的、用的及各种土特产品比比皆是，形成盛大的物资交流会。

藏族赛马会

川西重镇康定是川藏线上的咽喉，“茶马古道”北线的另一条就是从成都、雅安翻越二郎山到达茶马贸易中转站康定。康定的“四月八”转山会早已流传，这天是佛祖释迦牟尼诞辰，九龙喷圣水为其沐浴，故又称“浴佛节”。时正值康定春暖花开季节，信徒们转山礼佛的同时，又踏春畅游，物资交易，逐渐演变为一个大型交易会，节期为3天。节日期间，除藏族民众之间的夜餐聚会外，在跑马山上还开展丰富多彩的民族文艺活动，演藏戏，唱民间歌谣，跳锅庄舞、弦子舞，骑手们还进行跑马射箭比赛。

“茶马古道”到拉萨沿线的当雄草原上，每年要举行羌塘赛马会，藏语称“当姆吉仁”。每年七月底八月初举行，节期5～7天不等。届时，方圆几百公里的藏族农牧民都身着节日盛装，骑着骏马，赶着大车带着帐篷和土特产品前来参加一年一度的赛马盛会。在方圆两三十里的草场上，布满了一排排帐篷，炊烟连绵，人欢马叫，热闹非凡，呈现出一派节日气象。开幕式十分有趣，前面红旗开路，后面由骑手们组成方阵。坐骑披红戴绿，骑手衣着五光十色。每个方阵走过主席台时，均在马上行注目礼，并发出不同的欢呼声，接着举行项目众多的马术表演。有飞马弯腰拾哈达的，有迅跑中拔旗或挥刀斩旗杆的，有冲刺中在马上打靶射箭的，有集体跑马射击的，还有在马上做技巧表演的，有比跑马的速度和耐力的，等等。赛马结束后，还要举行牦牛赛跑。披红挂绿的牦牛未经过什么训练，在主人吆喝下，飞蹄猛冲，洋相百出，令人捧腹大笑。比赛是重要的文体娱乐项目，物质交易也不可少。以前藏族民众多用农牧物资交换，以物易物，后来用钱购物，买回自己急需的日用品，规模日益扩大。比赛、交易之余，则是青年男女的天下，草地上燃起堆堆篝火，人们围成一圈圈，尽情地唱歌跳舞，饮酒喝茶，彻夜不眠。

白族、彝族、怒族等少数民族的“鲜花节”

鲜花是美丽、欢乐、纯洁和幸福的象征。在鲜花的节日里，花更艳，人更美，色彩斑斓的鲜花与丰富多彩的民族节日丰富着人们的精神世界。

云南，彩云之南，鲜花盛开的地方，五彩缤纷，争妍斗奇，因此，当地少数民族也大多喜欢鲜花，每年都过方式新颖、花样繁多的鲜花节日。白族是个特别喜欢鲜花的民族，家家户户都喜欢用花坛盆景美化庭院，爱花成癖，史书早有“南中山茶被陵谷，家家移植成风俗”的记载，因此白族与花有关的节日也比较多。

每年农历二月十四日，大理古城都举行“花潮节”，节期3天。节日期间，到处都是鲜花扎成的巍然屹立的牌坊，一间间玲珑的花亭，一个个精巧的花台，一座座迷人的花山，连成一条数里长的五彩缤纷、香气四溢的花街。条条花街，纵横交错。每天都有数万盛装艳服的各民族同胞前来赏花、购花。满城的花朵，满城的人流。大家可以把手中拿着的小红旗插在自己最欣赏的花盆上，以示嘉奖。头戴花巾、肩飘丝带、身着红衣红褂、婀娜多姿的白族姑娘与绚丽芬芳的花街融为一体，“二者相媲美，难分谁更俏”。“花潮节”充分体现白族人民热爱家乡、热爱春天、热爱美丽的传统风尚。

而鹤庆县白族把类似的节日称做“花朝节”，举行时间是当地传说中花王的生日——农历二月十二日。节日里最隆重的活动是“拜花王”。这天，当地白族人们身背背箩，走遍幽谷，翻尽峭壁，采足100种野花，然后在山泉边举行祭祀花王的赛歌会。家家户户门前都要用百种鲜花搭成“花山”，大街小巷，姹紫嫣红，百花竞放，芬芳扑鼻。

而怒江勒墨白族至今仍沿用远古白族的十三月历法。一年十三个月，一月有三十日，置闰在二月。而置闰主要以三月桃花是否开为准，桃花一开就过“桃花节”。在春播时将几枝桃花插在四角地边，并行隆重祭祀。

白族还有一个花节叫“梨花节”，也是一个白族春游盛会。阳春三月，梨园缀满耀眼的白花，处处散发淡淡清香。春风徐徐，梨枝摇曳，泉水叮咚，韵味无穷。这天，老少出动，步入梨园，在梨树下享尽春意，三五成群，亲朋同聚，欢声笑语，充满情趣。老年人弹响龙头三弦，青年人放声纵情高歌。小伙子的白绸包头、雪白衬衣与梨花融为一体；姑娘的蓝色坎肩如绿叶衬花。赛歌、吟诗、作画表达了白族人民对生活的美好追求。

云南彝族的鲜花节日是在每年农历二月初八日举行，那就是“马樱花节”。相传，马樱花是被彝族祖先生儿育女的胎衣染成红色的，后代在开满马樱花的地方定居下来，后来演变为节日。每年节日这天，男女老幼跳舞、唱歌，家家宰鸡煮肉，宴饮庆贺，并采摘大量的马樱花，遍插牛、羊、猪厩，祈盼六畜兴旺、举族平安。

楚雄一带的彝族则把二月初八日叫做“插花节”，而节日起源是为了怀念美丽勇敢、舍己救人、为民除害的彝族姑娘米依鲁。每年二月初八这天，方圆数十里的彝族人们都到昙华山上采摘鲜花，在寨口搭起花牌坊，编成花环挂在门上，鲜花插遍路边、树旁，插遍门楣、房角、畜厩、牛角。青年男女用赠送鲜花选择心上人，将花插在心上人的头上，表达爱情。老人、孩子带上米酒和野味佳肴，举杯畅饮。相沿成习，流传至今。

德昂族也过“采花节”。清明节后第七天，天刚发白，铓锣声响彻山寨，象脚鼓声回荡群山，人们穿着漂亮的衣裳，姑娘们更是打扮得花枝招展，身着红、墨、花色相间的衣裙，围着藤篾腰箍，戴着银光闪闪的首饰，手提花篮，上山采花。山茶、素馨、玫瑰、缅桂、杜鹃，等等，五颜六色，宛如花的海洋。而人们尤爱小巧玲珑、香气沁人心脾的丁香，恋爱中的男女常以丁香互赠，表示永不变心。花篮采满后，人们就地而坐，敲起铓锣，打起象脚鼓，跳起欢乐的孔雀舞。傍晚，人们涌回村寨，家家互赠刚采回的鲜花，祝愿吉祥幸福，友谊长在。夜里，青年男女们欢聚一起、吹起悠扬的葫芦笙，唱起动听的情歌。

景谷县永平镇的“采花节”则极具傣家风情。节前，人们要洗浴净身，换上新衣。节日清晨，男女老幼成群结队来到寨子外的青山上、小河边，怀着虔诚的心情采摘各种鲜花。小伙子们喜欢将杜鹃花、栗花、墨水花、桃花、梨花等编成花环或扎成把送给自己喜欢的姑娘，如果姑娘也喜欢小伙，便含羞地接过，这时伙伴们便会追逐着姑娘，发出阵阵欢快的哄笑声。如果不喜欢，就默默走开，小伙子会拿着鲜花去另找意中人。太阳出来后，小伙子们吹响竹瑟，姑娘们唱起山歌，边歌边舞，傣家山间到处充满欢快悠扬的歌声。午后，人们把采回的鲜花捆扎成束，或编成花环，或做成花房，然后敲锣打鼓，举着彩幡，带着精美食品鲜果走向佛寺，人们捧着鲜花，载歌载舞绕佛寺走一圈，然后有秩序地走进佛寺，将花束、花房和食品鲜果献于佛龛，并向佛像滴水叩头，祈求保佑平安。

景颇族的“采花节”，当地语称“思鲜鲜”。一般在春节后数日举行，既是一个鲜花的节日，也是姑娘们的节日。届时，各村寨的男女青年便相约在一起，带上食物和饮料，敲锣打鼓地来到预先选择的花山上。小伙子们鸣枪、放鞭炮，姑娘们则忙着采集各种鲜花布置娱乐场，随后大家尽情地唱歌跳舞。姑娘们还把事先准备好的用线拴起的熟鸡、熟肉等吊在树上，让意中的小伙子射击，如吊线被打断，姑娘们就向小伙子们敬酒、敬槟榔。傍晚，互相赠送礼品。

怒族类似节日是“鲜花节”，也叫“仙女节”，节日在每年农历三月十五日举行，延续三天。节庆活动包括祭祀仙女洞并迎接圣水、歌舞求福、体育竞技三大程序。

据专家分析，“鲜花节”乃怒族早期母系氏族尊崇女性的一种遗俗，从此节起源的传说就可看出。相传当地有一位美丽出众、智慧过人的阿茸姑娘，她发明飞跨怒江的竹篾溜索，还在高黎贡山上为人们引出了甘甜的泉水，后为逃避头人的逼婚强娶，藏身洞里，变成一尊石像，此日正好是农历三月十五日。每逢农历三月十五日，仙女洞周围的山坡上，都会盛开着杜鹃、蕙兰、虎头兰等鲜花，怒江两岸三山九乡的怒族男女老幼穿上缀有一朵朵鲜花的节日盛装，背上用包谷面饭团酿成的水酒，带上熟肉、米饭和包谷炒面，手捧鲜花，云集山下，爬上仙女洞，把一簇簇美丽的鲜花奉献在阿茸石像前。当地百姓要在节日里欢聚三昼夜，首先是祭祀，要燃起松烟，由主祭者念祝词，还要打鼓诵经，然后大家叩头，以祈求仙女保佑。青年男女则在空旷场地进行射箭比赛，人们在仙女洞前聚餐饮酒，唱歌跳舞，互祝吉祥。临走前，远道而来的人们，把阿茸石像身上流出的泉水盛入竹筒，带回去让未能前来的妻儿亲友品尝。

德宏一带阿昌族则过“锥栗花节”，因为当地相传是锥栗树神桑建战胜了恶魔，给阿昌族人们带来了幸福。节日里，身着盛装的青年男子进山采花，领头挥刀开道，大家边走边放枪，采花前要放鞭炮。返回路上敲象脚鼓，村里妇女听到枪鸣要到村外迎接，小伙子们向姑娘献上锥栗花束。人们在村里的开阔场地里用锥栗花扎成花塔或花轿。夜晚，人们便围着花塔、花轿，载歌载舞到深夜。

除云南以外，其他地区也有给鲜花过节日的习俗。广西南部壮族也与鹤庆白族一样过“花朝节”，当地人称“花王节”或“百花仙子节”，且节期有相同的，也有不同的。桂南一带的“花王节”就是在农历二月初二的百花仙子生日这天举行。节日前，姑娘们忙着做绣球，煮糯米饭，小伙子也准备心爱的礼物。节日当天，人们便涌到盛开着朵朵红花、象征百花仙子的木棉树下，开始以对歌为主的庆祝活动。男女青年们三五成群，互相对歌。除一般情歌外，还须有歌颂百花仙子的纯洁、美丽和芬芳的歌，以此象征纯洁美好的爱情。对歌中，青年们向意中人抛绣球和赠送礼品。小伙子收到绣球并不带回家，在傍晚分手时，都把它抛到高高的木棉树上，把绣球送给百花仙子。人们希望百花仙子能保佑他们的子孙像木棉花一样繁盛、火红，像木棉絮一样心地纯洁。

怒族的“仙女节”，得到众多非物质文化遗产研究专家的认可，已经入选首批国家非物质文化遗产名录。

哈尼族的“苦扎扎”与“扎勒特”

“苦扎扎”是哀牢山一带哈尼族重要的传统节日，每年农历六月廿四日，哈尼族人民便迎来了盛大节日“苦扎扎”。节日历时3～5天，庆典活动极为隆重。这时繁忙的春耕生产已经结束，盛夏农闲，有社交娱乐的时间，因此，“苦扎扎”节兼有社交娱乐、预祝“五谷丰登，人畜安康”的意思。节日里宰牛祭神，青年们聚集一起荡秋千、坐骑磨秋、摔跤、唱歌跳舞，尽情欢乐。有的地方夜晚还要在家里点燃松明火把，敲击什物，以示驱病魔出寨。

节日来源于一个传说：相传在远古的时候，哈尼族人崇拜一个名叫“威嘴”的神人。每年五六月间，“威嘴”神人都要到山寨巡视，看看人、牲畜和庄稼，给人们带来了幸福，为了感谢“威嘴”神人，人们筹办了隆重的欢迎仪式，迎接神人进寨，以驱除邪害，保佑人民安宁幸福。这样代代相传，就成了今天的节日。

每逢节日到来，哈尼族少不了备有三样菜：沟边的水芹菜、田埂上的鱼腥菜、山上的柴花菜。此外还有凉拌生鱼和苔菜拌蚯蚓两样名菜。过节期间，家家都割来芭蕉叶铺在桌子上，堆满各种菜肴。除妇女外，全家大小和客人围坐在一起喝水酒、吃美味、唱哈巴。不同的节日，有着不同内容的哈巴：过年，就唱过年的来历；盖房子、就唱房子怎么盖，最先在这里盖房子的老祖公是谁；结婚，哈巴歌手就告诫新郎和新娘应当如何相爱，如何生儿育女。还要教人们年月如何推算、四季如何划分以及农活如何安排，等等。

哈尼族“磨秋”

最有趣的是坐骑磨秋，这是“苦扎扎”节狂欢活动中的一项重要内容。按照哈尼人的规矩，磨秋杆必须是黑夜砍好后，小伙子们在黎明前扛回来。他们一路唱着山歌，把用坚硬结实的木头做成的秋杆抬到寨边的秋场，将一根木头栽进土里，顶端削细当轴心，然后再把长长的横杆从中间凿凹，架在上面。两边的横杆长短要一样，还要削得滑溜溜的，以免划伤手。下午，穿着绚丽服装的哈尼族人摩肩接踵的聚到了磨秋场，按照哈尼人尊老敬长的传统习惯，先由几个德高望重的老者“开秋”，他们象征性的甩了几圈以后，一对对小伙子们、姑娘们轮流上去转。打磨秋是一项哈尼族人充满情趣的体育活动，它要求磨秋两边的人数要对等，骑坐的人用脚蹬地面，时而飞速旋转，时而升降起伏，反复转动，悠悠荡荡。甩秋人的速度越来越快，围观的人也显得更加开心，人群不时发出“哦嗬嗬，哦嗬嗬”的呼喊声，为其加油助兴，气氛十分热烈。那些艺高胆大，身手不凡的小伙子，往往成了姑娘们爱慕的对象。

节日最后一天傍晚家家户户都要点燃一个火把，并举火把照遍屋内的每一个角落，表示驱逐邪恶，然后将火把送到村边的路旁，以先后顺序，排成一条火龙，朝东南方向延伸，以示将邪魔驱向远方。

每逢节日，是青年人选择对象和充满浪漫色彩的定情日子，成千上万的姑娘打着白伞、穿着白裤，像洁白娇艳的白杜鹃，飘落在树荫下，忽闪在绿茵里。小伙子们也成群结队，吹着“把乌”，弹着琴弦，找寻自己的意中人，中意后双方即离开自己的伙伴跟踪而去。片刻，绿茵中，岩壁下，低沉而委婉的“阿茨”歌声飘起来，双方开始询问姓名、年龄、家庭，或有关天文地理的百科知识，如果合格就在一起，否则就分道扬镳。“阿茨”有别于“哈巴”情歌，是只适合在山上这种场合唱的歌。如果是一般询问和“考试”可大声地唱，如是情话，就只凑着对方的耳朵慢慢地说，不能让别人听去了。

“扎勒特”是哈尼族最大的节日，意为“捏制糯米团子”。因在农历十月间进行，故又称“译腊和实”，即“十月年”。哈尼族根据古老的历法，在农历十月间进行，把农历九月底作为年末，把十月当做岁首。新旧年之间没有具体固定的时间界限，而是采用古老的地支记时形式，将每年的农历十月间第一个辰龙日定为新年的开始，相当于汉族春节的大年初一，卯兔日即为旧年的岁末。

哈尼族民间有这样一个传说：古时候有一个阿妈，生了三个儿子，他们分别变成豹、凤和龙。长子和次子都不赡养老人，有一天，三子送给阿妈三包东西，它们分别变成活谷、家畜和三对夫妻，使老阿妈过上了好日子。老阿妈想起了自己三子的孝心，于是，将此日定为龙日，以后演变成节日。节日的头一天，村民把寨子的每一个角落都打扫得干干净净。然后洗澡换新衣。节日里，人们都身穿节日的盛装，显得格外的精神。各家各户还要舂制糯米粑饼、做黄米饭，酿制香甜的“闷锅酒”。节日里，要举行祭祖先、神灵的仪式。祭毕，开始吃街心酒宴。请德高望重的老人先入席，然后大家坐在桌子的两边，先向老人敬酒，接着互相敬酒。庆丰收，祝全寨平安，来年风调雨顺。

按照哈尼族的传统习惯，节日期间必须宰猪、鸡、鸭，舂糯米粑粑，做糯米汤团。以此送旧岁，迎新年，祭祖先等。新年当天，全寨要共同宰一头猪，这头猪称为“生轰”，大意为“共同分的”。这“生轰”猪无论大小，必须按全寨户头平均分配。而且猪身上的肝、肠、肚、心、肺，等等，哪怕只能分一点，也要家家都分到。其目的在于全寨各户，用同一头猪的肉，各家分别祭祀自己的祖先。祭祀活动是哈尼族“扎勒特”的重要的内容之一。节日之前，各家按自己家庭的传统，开始进行各种祭祀活动。首先要在大门外或在天井里宰鸡祭献，目的是祭献那些死于异地他乡的家人或村里人，认为过年的时候他们都会回家的，但他们的冤魂不能进家门，因此必须在门外敬奉他们。“扎勒特”也是哈尼族家人团聚的日子，一般出嫁不久的姐妹，不管生没生小孩，都要回家住几日。

节日期间，哈尼族寨子打扫得干干净净，人们穿着崭新的节日盛装，小伙子们昼夜敲响寨中大鼓、铓锣，欢乐的锣鼓声增添了节日的喜庆气氛，预示着新的一年寨子兴旺发达。每个寨子都要摆长街宴，哈尼语叫“姿八多”，意为“轮流着敬酒”，这是最具特色的年节活动内容。“长街宴”，小寨子摆一次、吃一天，大寨子则要摆两三次、吃两三天。每户做一桌酒菜，抬到寨子街道上摆好，一户接一户沿着街道摆成长长的街宴，八个或十个人自愿结合为一桌畅饮。大寨子分片轮流做东，负责长街宴的酒菜，其他片的人做食客，从早吃到晚，热闹的场面不言而喻。人们在饮酒吃菜的时候，难免会评哪桌宴做得好吃，哪道菜好吃。每家每户都会精心制作，奉献出精美的宴席，以期获得人们的好评。节日期间，还有祭祖活动。

节日里，还举行各种体育活动，如荡秋千等。到了晚上，各村寨草坪上燃起篝火。青年男女在篝火旁载歌载舞，尽情欢乐；在墨江一带，头一年出嫁的姑娘们，聚集在村外讲述着自己的新婚体验，严禁男人偷听。

白族的“绕三灵”和景颇族的“目瑙纵歌”

“绕三灵”，白语叫“观上览”，即游逛山林的意思。又称“绕山林”、“绕桑林”，是云南白族传统节日。每年农历四月廿三日至廿五日，苍山脚下、洱海之滨，村村寨寨的白族青壮年男女，数万人聚集，盛装艳服，成群结队，以朝拜和游逛三都为名。实际上是繁忙的农事之前的游春娱乐活动，也是栽秧前祈祷丰收的仪式。一向温文尔雅的白族人，在这三天里尽情挥洒着自己的情感和欢乐，是一个名副其实的“白族狂欢节”。

“绕三灵”历史悠久，据记载始于南诏时期。最初是白族先民春日社稷的宗教活动，“三灵”指的是白族民间信仰中的三位与建立古国有关的神话人物，“绕三灵”是白族民间对古代祖先创业功绩的追念。据说，朝拜的第一灵是苍山神或西天护法神。相传，古代大理是一片汪洋泽国，白族先民住在苍山林莽里，尚处游猎阶段，能够狩猎成功，满载而归，是苍山神的恩赐，因此很早就有祭祀苍山神的习俗。另一种说法是，洱海水向东退，苍山下出现陆地，白族先民搬到平坝居住。被封为“建国皇帝”的西天护法神住在庆洞庄，教白族群众围垦造田，种桑栽柳，纺纱织布，被周围 71 个村庄的村民奉为本主神，成了大理地区的神中之神。朝拜第二灵为本主神段赤诚，他是个杀蟒英雄，死后被村民奉为护村本主神。第三灵是三塔附近的马久邑本主庙的本主，建国皇帝的公主和她的丈夫“保安景帝”。当地也有“三塔寺（崇圣寺）是大理的佛都，圣源寺是大理的神都，金圭寺是大理的仙都”之说。“绕三灵”既与白族的本主神崇拜有关，也与白族先民的稻作生产关系密切。因为栽秧事关一年的农业丰歉，人们面对水灾旱魃的威胁无能为力，便产生了向神灵祈求风调雨顺、祝愿五谷丰登的民俗节日活动，是一项娱神娱人的欢庆活动。

“绕三灵”的会期原为四天。第一天游乐大理古城城隍庙，第二天从三塔寺起顺苍山山麓游乐到喜洲圣源寺，第三天从圣源寺游乐到海边金圭寺，第四天从金圭寺顺洱海之滨游乐到大理城北马久邑本主庙。现已减去四月廿二日游城隍庙的活动。

每年农历四月廿三日，大理、洱源的白族群众都停下生产，离家沿苍山脚下、洱海之滨，参加“绕三灵”活动。白天在五座寺院中，都要举行宗教祭祀活动，尤以神都祭祀“中央本主”段宗榜的仪式最为隆重。夜晚则在附近的田野和树林中歌舞狂欢。参加“绕三灵”的人，少则数千，多至数万。

各地人们一般都以村为单位，由两位盛装的男性长者领头（其中一位装扮成女性），他们一手扶杨柳枝、一手持拂尘或手帕，边走边唱幽默诙谐的“杨柳曲”，一边做着夸张诙谐的动作，尾随者十多人，或吹树叶、笛子、唢呐，或弹月琴、三弦，是当地出名的男女对唱歌手，最后则是几十队舞霸王鞭的队伍。队伍白天边走、边唱、边舞。入夜，围聚在林间空地，烧起篝火，野炊聚餐，在林间露宿过夜。男女之间对唱情歌，婉转深情的歌声通宵不歇。前人有诗云：“金钱鼓子霸王鞭，双手推鼓臂转旋。最是小姑歌白调，声声唱入有情天。”生动描写了“绕三灵”的欢快场景。

白族“绕三灵”

“绕三灵”发展到现代，活动内容有了很多变化。首先是参加“绕三灵”的人员由昔日中老年男女居多发展为白族青少年都参与的一种民族盛会，也是开展自由恋爱的一次大规模活动。活动内容由祈求神灵赐予降福和禳灾发展为集春游、白族歌舞和娱乐、相亲交友为一体的民俗活动；白族歌舞除打霸王鞭、唱“花柳曲”和对调子外，还增加了许多传统的白族歌舞表演，形式多样化，使“绕三灵”更具地方和民族特色。春光明媚的苍山洱海之间，人流如潮，歌声如海，空气中洋溢着春天的激情。白族“绕三灵”，一个古老而青春的节日，它是白族对春天的礼赞，不愧是白族的生命之歌。

“目瑙纵歌节”是景颇族最盛大、最隆重的民族节日。景颇语叫“目瑙”，佤语叫“纵歌”，“目瑙纵歌”就是大家一齐来唱歌跳舞的意思。它是为祭祀景颇的太阳神“木代”而举行的最隆重的祭祀活动，是景颇族传统的节日。云南省德宏一带景颇族的节日时间安排在农历正月中旬以后的几天，节期2～3天。

“目瑙纵歌”历史悠久，相传是太阳神传授的。景颇族有个创世英雄叫宁贯娃，他父母临终前对他说：“我们去世后，你要跳起太阳舞蹈举行送魂仪式，我们才能变成大地，你才能变成人在上面繁衍生存”。宁贯娃正想去太阳国学舞，却看到孔雀、犀鸟、啄木鸟们在一株黄果树下举行“目瑙会”，原来他们已经应太阳神的邀请学回来了。他便很快向鸟雀学会了舞蹈，把舞蹈套路画在栗木柱上，并在喜马拉雅山脚划定舞场，举行了第一场“目瑙纵歌”，从此传到了人间。

“目瑙纵歌”舞队是由瑙双组、瑙巴和群众队伍组成。舞队中，有上百位主要舞蹈人物角色。分别是：“目瑙纵歌”的东道主夫妇、两对瑙双、一对太阳老人、一对月亮老人、一对太阳小姐、一对月亮小姐、一对最先找“目瑙纵歌”柴火的人、一对最先采摘包“目瑙纵歌”食品叶子的人、一对最先背“目瑙纵歌”水的人、一对最先烧火煮饭的人、一对最先酿泡“目瑙纵歌”水酒的人、一对最先宰杀“目瑙纵歌”猪牛的屠夫、两位瑙巴、一对“斋瓦”、数对“董萨”、“肯状”、一对牵牛吆牛人、一对维护舞场秩序的“暖”，等等。以上人物一般要求长相好、素质好，在传统上，严格按卜卦的方式挑选产生，因为“目瑙纵歌”是一项神圣的祭祀圣灵活动。他们各有来历，分工严密，各司其职，缺一不可。

节日开始，先放炮，大长鼓、铓锣、笙管、鼓号、古调齐鸣。景颇族和其他民族的同胞互赠鸡蛋、米酒等礼物，向来宾敬献用芭蕉叶包裹的紫糯米粑粑。在身着龙袍、肩挂大刀鞘、手抱“跑么”专用刀和“兰”大宝剑、头戴犀鸟头罩“共勒荣”的瑙双的带领下，成千上万的人，在目瑙柱正对面竹栏外排成两个长长的纵队起步，踏着阵阵铓鼓声，合着古歌调，面朝东方，缓缓迈入舞场。女的手舞花帕、扇子或花环，扭着腰肢，摆动缀有银链银泡的盛装，翩翩起舞。男人们头戴缀有红缨珞的白头帕，身穿白衬衣黑裤子，手持闪闪发光的长刀，显得英姿勃勃。他们踏着刚毅雄健的舞步，气撼山河。队列有时如长龙，有时如蕨花弯曲，跳舞路线要按照目瑙柱所有图案线路的走向跳，使整个舞场井然有序、紧紧相连、整齐划一，绝不能发生队伍散裂或混乱的现象。“目瑙纵歌”的曲调铿锵有力，节拍分明，动作简单优美，各族兄弟姐妹可在瑙巴的带领下跟着跳。节日达到高潮时，舞场上“巴扎”劲吹，锣鼓齐鸣，雄浑而壮阔的舞步声震撼群山。

“目瑙纵歌”一般分为每日上午、下午两场。第一天第一场为开门舞，中场舞为一般的娱乐性活动舞。最后一场舞为关闭场门舞，要跳与开门舞的舞蹈动作完全相反的舞蹈动作。开门舞跳多少个劳动舞蹈动作，闭门舞也要跳多少个，关闭舞门以后，就不许继续跳目瑙舞。“目瑙纵歌”中“写”、“唱”、“舞”是三项最核心的程序，整个节日会场就是景颇族文化的“史卷”，使千百年来景颇族最古老的文明能够历经岁月磨蚀而世代流传。

景颇族的“目瑙纵歌”

“目瑙纵歌”最先是景颇族最隆重的祭祖祭神活动，现在演变为景颇人民缅怀祖先、驱恶扬善、祈福纳祥、欢庆胜利和尽情挥洒的节日。所包容的各种活动形态的习俗礼仪，通过祭祀、歌舞等形式传递出无形的民族文化内涵，它既是娱人与娱神、祈生与御死、缅怀与渴求的综合体现，又是民族最深层文化心理结构的形成过程。

白族“绕三灵”和景颇族“目瑙纵歌”都以其节日内容丰富、充分展现民族文化艺术风采而入选首批国家非物质文化遗产。

傈僳族的“刀杆节”与独龙族的“卡雀哇”

“刀杆节”，傈僳语叫“阿堂得”，意思是“爬刀节”，是云南怒江傈僳族自治州碧江、福贡、萨水一带傈僳族人民的传统节日。每年农历二月初八举行。

关于“刀杆节”的来历，傈僳人中流传着一个动人的故事。很久以前，傈僳族用弩弓猎取鸟兽，割取山蜂酿制蜂蜜，刀耕火种，种玉米为生，生活虽不富足，但安居乐业。谁知强虏侵犯边境，无力抵抗的傈僳人惨遭杀戮，民不聊生。这时，朝廷派兵部尚书王骥率兵前来御敌，在傈僳兄弟的支持下，他们很快就驱逐了入侵者。为了安边固土，王尚书派人把那些躲入深山的傈僳人家迁于一处，聚居成村，传授内地先进的耕作技术和饲养牲畜、护育山林的方法，使傈僳人过上了有吃有穿的太平日子。同时，王尚书还从傈僳人中挑选精壮男子，操练武艺，制造土炮，以保卫国家疆域，保护自己。可不料傈僳人刚过上几年好日子，又飞来横祸。原来，奸臣上书禀奏皇帝，诬陷王尚书在边境组织边民练武，有拥土自立、反叛朝廷之意。皇帝听信奸臣谗言，在农历二月初八将王骥害死。噩耗传到，傈僳男女老少悲痛万分，义愤填膺，发誓要以刀山敢上、火海敢闯的勇气，为王尚书报仇雪恨。此后每年二月初八，为纪念王尚书，傈僳族都举行上刀山、下火海的刀杆节，节期两天。

“上刀山，下火海”包括点花、点刀、耍刀、迎花、设坛、祭刀杆、竖杆、祭龙、上刀、折刀、下火海等步骤，其间有一套严格的仪式。上刀山和下火海是仪式中最为惊心动魄的环节。相传，“下火海”有驱逐邪秽和消除水火灾难的作用。而上刀山则可以使男人刀枪不入，强壮无比，不可战胜。其实，下火海与傈僳人对火神的崇拜有关，火是傈僳人用来驱兽、烧荒种植、取暖和熟食不可或缺的重要条件。而刀是傈僳男子从不离身的工具，狩猎、采摘、取食、林间开道、防身都必不可少，因此把刀敬奉为神。

节日里，人们身着盛装。妇女们有的以穿黑色为主，镶有红、黄、蓝等色花边的上衣，有的着色彩艳丽，上面点缀各种形状银饰的花裙；一般都佩戴耳环、项链等首饰。男子穿麻布短衫裤，腰系一条约七八尺长的红色或黄色腰带，小腿上有吊筒、膝箍、腰佩长刀，肩挎箭包。

节日当天，首先举行“跳火海”比赛。即在场内燃起堆堆柴火，选出五个强健的中年男子光脚在熊熊的火堆中跳跃，他们一会儿扑向火海，一会儿翻滚其间，一会儿腾空，一会儿落下。还把通红的火球捧在双手，在脸上“擦洗”几下，然后在手上飞快地翻滚揉搓。经过火的洗礼，意味着在新的一年里消除各种灾难。第二天，举行上刀山表演。人们汇聚在刀杆场上，场中央竖有两根20多米长的粗大竹竿，竿上插着36把甚至72把刀刃朝上的长刀，称为“刀杆”。爬刀杆的人，大都是健壮的中年男子，他们经过长期的训练，有一套特殊的爬竿本领。上刀杆前，要进行祭祀，几个穿着红衣裳，头戴红包头，光着脚的勇士，健步来到刀杆下，跪在王尚书的画像前，然后双手举杯过头，口中念念有词，接着将酒一饮而尽。在绕竿歌舞后，他们便赤足跃上刀杆，手捏刀面，脚踏锋利的刀刃勇敢地向上攀登，鱼贯而上。当爬到顶端时，还要做倒立等高难度动作。表演完毕后要自己放鞭炮庆贺。围观者热烈欢呼，争相向爬竿者献美酒表示敬意。

为什么赤脚奔跑在炭火堆上而不被烧伤，脚踏锋利的刀刃不会出血呢？这与不少少数民族中的民间神判习俗有相似性，快速从开水锅、油锅中捞取石块而不被烫伤一样，表演者奔跑、跳跃的速度极快，故而不被烧伤反将炭火踩得奄奄一息，当然最关键的是由于他们长年赤脚行走山路，脚底已长出了厚厚的老茧，踩火、上刀杆才不会烫伤或被刺破脚底。当然表演者还要经过专门的训练才能取得成功，一般人绝对不可模仿。

两项活动结束以后，青年男女还开展“丢烟包”(或烟盒)、跳舞、对歌、荡秋千等活动。“丢烟包”时男女各站一边，互相投掷，如果姑娘接住了小伙子的烟包，并收藏起来，说明姑娘接受了小伙子的爱慕。大家唱歌跳舞，给节日增添了无穷的情趣。刀杆节以表现傈僳族民间绝技，显示傈僳族的坚强勇敢和无畏的民族气节而被评为国家首批非物质文化遗产保护项目。

“卡雀哇”节，是独龙族传统的年节，流传于云南省怒江傈僳族自治州独龙江流域的所有独龙族村寨。首先，该节日对于探索独龙族文化发展的轨迹有重要价值，尤其有助于把握独龙族历法的起源及变迁历史；其次，“卡雀哇”节中保留着木刻传信的信息传播方式，是研究没有文字族群的社会组织机制的珍贵样本；另外，“卡雀哇”节还是独龙族对传统文化加以系统整合和传承的重要载体，彰显了独龙族敬畏自然的理念和人生顺达的愿望。

“卡雀哇”节在每年农历腊月举行，节期最短 3 天，最长 9 天。1991 年，根据独龙族人民的意愿，把每年的公历 1 月 10 日定为独龙族的“卡雀哇”节。节庆内容包括木刻传信、跳锅庄、射击猎物模型、火塘烧松叶求吉祥、喝木罗酒、剽牛等。各村寨的“卡雀哇”节节期前后相续，居住于独龙江上游的村落最先揭开序幕，由上游经中游而至下游，各村寨依序进入节期，整个独龙江流域独龙族山寨的“卡雀哇”庆典前后持续一个月。

节前，家家户户就用“结绳”的方式向亲朋好友发出邀请。节日当天清晨，妇女们一大早就把自己精心纺织的麻布毯挂在竹竿上，插在住房上方扫净的坡地上，燃起松枝，敲起铓锣，表示开始欢度新年“卡雀哇”。亲朋好友互相邀请，一起围坐火塘边畅饮水酒，品尝佳肴，互赠祝辞。男人们把木碗抛向火塘上挂着的吊板上，以碗口朝天为吉，祈祝来年丰收，就这样一直欢庆到深夜才散。

节日第二天，要祭山神、射面兽。首先用荞面捏山神及各种野兽进行祭祀，祭完山神，然后射面兽。射猎比赛是展示独龙族青年射技最重要的活动，先用熟面捏出一尖顶圆柱体的象征物，代表兽神，然后用熟面食搓捏成动物的模型，摆在兽神周围，由祭师进行祈祷，祭毕，祭师就把各种模型抛向人群，由射手们任意射猎。独龙人认为射中什么，今年就会猎获什么，人们在铓锣声中围成圆圈边唱边跳，热闹非凡。

最隆重、最欢乐的要数“剽牛祭天”活动，只有有条件的村寨才举行。牛要成双，牛有时由一家献出，有时是大家凑钱买来的。进行剽牛庆典时，全村人聚到村里的一块草坪上，各家带上食物和水酒。主持年祭的家族长或祭师把牛牵入场中央，拴在木桩上，然后青年妇女争先恐后跑去在牛角上挂上串珠，在牛背上披一床独龙毯，祭品摆好，祭师点燃松明和青松毛，面向东方叩头，口中念念有词："今年我们把牛献给山神，希望山神保佑我们来年能猎到野兽，保佑我们丰收和平安"。祭词念完后，摘下牛身上的独龙毯和珠子，两个勇敢的猎手手持长竹矛，边跳边舞进到场中央。人们给这两位猎手敬酒，围成圆圈，敲响铓锣，做出驱赶野兽的舞蹈动作。人们边唱边跳剽牛舞，两位猎手手持竹矛猛刺牛的腋下，牛越是跌跌撞撞，场上的情绪越是激烈，直到牛倒地，人们大声为勇士喝彩欢呼。之后，剽牛者割去牛头当场解剖煮肉，凡参加者都有一份。大家边吃边喝，载歌载舞，使剽牛仪式达到高潮，共祝节日快乐，来年平安。

独龙族"卡雀哇"节

按"卡雀哇"节的古老习俗，节日期间所有的独龙人都要以家族为单位，互相问候，共同祝贺。年节期间，要轮流到各家各户去跳舞，以祝贺一年的丰收，预祝来年人畜兴旺，庄稼长得好。

"卡雀哇"节也是国家首批非物质文化遗产保护项目。

阿昌族的"耍白象"与布朗、德昂族的关门与开门节

"耍白象"也叫"会街"节，主要盛行于户撒地区，又叫"阿露"节，原是在农闲时择日举行，现在一般集中在"十一"期间举

行。目的是喜庆丰收，这一天村村寨寨汇集到事先商定的场地，隆重举行节日活动。活动的内容主要是群众性的集体歌舞和耍青龙、耍白象、跳象脚鼓舞、耍青棍等。

阿昌族信仰小乘佛教，会街原是阿昌族迎接“个打马”（阿昌语：菩萨）返回人间的宗教节日。从农历九月初十日起过五天。届时要赶五个街子，一天一街，一直赶到十四日。在此期间，姑娘、小伙子晚上不睡觉，负责收斋米、煮斋饭、供斋等活动。

节日期间，男子穿蓝、黑或白色对襟上衣，黑裤，斜背一个“筒帕”，打包头，脑后留一尺多长的包头布。已婚女子穿袖长而窄的对襟衣和遮住膝盖的裙子，裹绑腿，缠黑布或蓝布包头。未婚姑娘们多是将一根发辫盘于头顶，用二指宽的布围在辫子里，胸前并排四个银纽扣，扣上挂四根长长的银链，戴银沧花和项圈、耳环等首饰。“会街”东边是耍花灯的队伍，五彩的宫灯、莲花灯、吊灯上下飞舞，令人眼花缭乱，目不暇接；西边敲着象脚鼓的阿昌青壮年大汉，可使人想到遥远的年代；北面是无数的人群簇拥着一头惹人喜爱的“白象”。

“耍白象”是阿昌会街最富民族特色的活动。“白象”用木料做架，用各色彩纸糊身，鼻子用布制成，用绳子通过滑轮牵引。“耍白象”前，一人先藏进象的肚子里。当他用双手来回拉动带有滑轮的绳子时，就会使象鼻子上下左右甩动起来。会街开始，男女老少簇拥着“白象”走出村寨，小伙子们敲着象脚鼓和谈锣，打着彩旗，放鞭炮在前开路，其他人拿着绿叶青枝随后，从四面八方来到会街会场。接着，青壮年男女伴着鼓声，手

阿昌族耍白象

拿树枝起舞，舞伴对数不限。打镲人始终和击象脚鼓者对着跳，舞步动作一跨一退一蹲，连续三次，第三次往下蹲时，击象脚鼓者外甩鼓身，鼓尾从打镲者脊背和头上扫过。然后，顺左脚甩回，鼓尾随击鼓者往前，弓腰半蹲，直到碰到地面。同时，打镲人也跟着跳跃下蹲，打响镲，空间分开镲向地面按去，在未接触地面时即刻前后分开，然后迅速跳起，互相转身侧目。当“耍白象”活动达到高潮时，手拿树枝的男子，翩翩起舞，发出一次次欢呼“哦一会会!”围观人群也爆发出一阵阵欢笑声。在欢笑声中，“白象”的鼻子也甩得更高更勤。

现在，过去盛大的宗教集会变成了耍青龙、耍白象欢庆丰收的活动。德宏州人大在广泛征求阿昌族人民的意见后，决定把梁河地区的“窝罗”节和户撒地区的“会街”节合起来称“阿露窝罗”节，并法定为阿昌族传统节日，节日定在每年的3月20日。

“关门节”，布朗语叫“毫瓦萨”，德昂语则叫“进洼”，是布朗族和德昂族的民间传统节日，同时在每年傣历九月十五日举行，为期3个月。

节日的第一天，布朗族各家要送一对蜡条、一朵花到氏族长家祭祀祖先灵位，祭祀完毕，再跪下给氏族长象征性地洗脚，以此来祈福祉。氏族长也要说一些吉祥的话。节日这天，青年人对长辈、妇女对男人、小孩对父母兄长，都要行磕头之礼，而全家老幼要向房门、楼梯、家具杂物的灵魂叩头。布朗族人认为这样就不会被虎豹毒虫伤害，出门及劳动时也不会受伤。节日期间，严禁青年人串姑娘、结婚。

而德昂族过“关门节”也是意在要求青年男女停止欢聚和谈情说爱，以便在生产大忙的时节集中精力生产劳动，但其宗教色彩更浓郁些。十四日清晨，德昂族姑娘们要挑清洁的水到佛寺浴佛，半夜开始进洼。仪式以当夜佛寺击鼓为号，听到鼓声，老人将香烛、谷子、花等供品用纸包好送往寺中的佛座后面。十五日，举行隆重的赕佛仪式。从此日开始，每七天就要小赕一次，第八天家家到寺院供祭饭菜，听僧人念经，祈祷佛爷保佑人们有吃有穿，平平安安。进洼节期间，也是禁止嫁娶、谈情说爱，还不准僧人到外寨住宿。

“开门节”，布朗语叫“奥瓦萨”，而德昂语叫“出洼”，也同时在每年傣历十二月十五日举行，节期为3天。

在过节前一天晚上，布朗族寨里的老人就要到佛寺里听僧人念经。僧人还要给来听经的老人头上滴水，祝福他们吉祥如意。这些老人一直到第三天早晨才各自回家。节日当天，男女要跳象脚鼓舞，唱调子，燃放鞭炮。开门节过后，青年人便可以串姑娘、结婚。

布朗族的“出洼节”的含义就是农忙已过，结束婚恋禁忌。节日这天要举行隆重的宗教仪式。人们还要把进洼时送到佛座后面的东西取出来烧掉，表示佛已出洼。十六日举行佛爷出洼仪式，所有的未婚少女都要进佛寺拜佛，以感激开禁之恩。十七日举行盛大的赕佛仪式。早饭后，青年男女纷纷集中，由僧人出来施经布道。随后，男女老少进行各种娱乐活动，人们欢歌笑语，纵情歌舞。

第五章

中南及东南地区少数民族节日

在祖国的中南、东南地区，居住着壮族、瑶族、仫佬族、毛南族、京族、土家族、黎族、畲族和台湾岛上统称为高山族等9个族群。这个地域虽然有山的阻隔，但却是一个多水的地域，以稻田耕作为主，部分濒海少数民族则有以渔业为生的。同时，这里有着不同的生态环境，有山地、平原、海岛等，而大部分区域是与汉族混居，其历史文化受汉族的影响较为明显，各民族的节日文化互相吸收、共同创造，在传承中不断演进。

南方民族的“三月三”

中国农历三月三，是一个非常特殊的节日。“三”是一个吉祥的数字，两个“三”叠加更是吉利。在中华民族大家庭里，许多民族都在三月三举行节庆活动。最普遍的要数祭祀祖先的节日，其渊源可追溯到汉民族的伏羲女娲三月三抟土造人的传说，道教则把三月三定为王母娘娘开蟠桃会的日子。现在全国有多少民族在这天举行各种节庆活动没有详细调查，但黎族、壮族、布依族、苗族、侗族等民族的“三月三”都已成为全国知名节日。

“三月三”，黎语叫“孚念孚”，也叫“迎春节”，在农历三月三日举行。黎族“三月三”是一个祭祀祖先、迎接春天、歌颂爱情、举族欢乐的节日，也是黎族人民最隆重、最热闹的传统节日。

关于“三月三”节日的来历，黎族民间口头普遍流传着这样一个古老的传说，讲的是黎族祖先天妃和南音在三月三日兄妹成婚的故事。黎族后代为了纪念天妃和南音两兄妹传宗接代的丰功伟绩，就每年三月三聚集在当地传说的地方，举行规模盛大的集会，而集会规模越来越大，人数有几千人甚至数万人。

黎族各地的传说大同小异，但传说中的相会地方和祖先坐化的地方略有不同，多为当地百姓举行集会的场所。比如五指山地区的燕窝岭报翠坡和娘母洞、东方市的俄贤岭和俄娘洞、昌江的猕猴岭、三亚的落笔洞等地。

为了庆祝“三月三”，准备工作要提前半个月进行，男子上山狩猎，把所获猎物腌好封存。妇女则在家舂米和粽粑、酿酒为祭品。青年男女准备漂亮的服饰和定情的礼物，以所获猎物和粽粑为祭品，祭礼堂里的祖先，若出猎无所获，则宰鸡代替，由氏族老人主祭。同时，村寨里的百姓还要带上自家腌制的山菜、米酒、糕点，去看望寨内有威望的老人，黎族有着尊敬老人的优良传统。

广为知名的五指山地区燕窝岭的“三月三”，庆祝活动一般为两天，即农历三月初三、初四。初三清晨，男女老少身着节日盛装，姑娘们打扮得更漂亮，带着山兰米酒、竹筒香饭和粽子，手打花伞，成群结队地前往汇集点，大家一路欢歌笑语。白天，姑娘们先要到山上躲藏在树林里，等待小伙子们到齐，才一起欢度节日。小伙子们用弓箭、鱼叉在溪水里捕鱼，姑娘们则在岸边烤鱼、煮糯米饭，然后把随身带来的粽子、糕点、烤鱼、糯米饭摆在娘母洞洞口，祭拜祖先，祈求幸福和平安。当太阳刚刚升起，在热闹的箫鼓乐声中，小伙子纵情欢跳，引吭高歌，姑娘们则躲在绿树丛中，手持“布任”（一种香树枝叶）半遮面，窥视情人。之后小伙子们将林子包围起来，姑娘们才从林中一起跑出来，与小伙子们一起，一边唱歌，一边跳起“打柴舞”、“打鹿舞”。期间，姑娘小伙们还组织爬竿、摔跤、拔河、对歌、荡秋千、打丁东、吹鼻箫、粉枪射击和弓弩射箭等歌舞活动或比赛，纵情欢度吉祥节日。夜幕降临，在熊熊的篝火旁，在热烈的箫、鼓等乐器奏鸣声中，举行篝火歌舞盛会。大家围在篝火边，上年纪的人聚欢叙旧；黎家小伙子和姑娘们则和着节拍，继续跳起欢快的“槟榔舞”和“竹杠舞”。待月上中天，胶林里、小溪旁、草地上，随着一声声长长的口哨，黎族“山恋”开始了。“唱支山歌上山坡，月亮未圆星星多；山上阿妹你是谁，可敢与哥对山歌？”“早春来到山花香，不见蜂来妹心慌；爬上高坡望路口，月光底下等情郎。”相中后，一对对情人悄悄离开篝火旁，男女双方吃一种嵌入糖心的“灯叶”糕饼。姑娘则把亲手编织的七彩腰带系在小伙子的腰间，小伙子也会把耳铃穿在姑娘的耳朵上或把鹿骨做的发钗插在姑娘的发髻上。双方信誓旦旦，相约明年“三月三”不见不散。因许多地方的黎族“三月三”的节日活动内容，都与婚恋有关，故也被俗称爱情节。在这一年一度的“迎春节”里，会结成无数对美好的姻缘。

当然，并不是所有黎族“三月三”都是上山岭歌舞聚会，各地还有一些特殊的习俗。海南通什地区实行合亩制的黎族，则在每年农历三月的牛日，在亩头家宰猪摆酒，敲锣打鼓，全村男女欢跳祖先舞，庆贺春天带来的福气，为未怀孕的妇女来日生男育女招福魂。而七指岭地区则首先要在节日当天，汇聚黎族百姓，预祝“山兰”（山地旱稻）、狩猎双丰收。而老人们携带腌好的山味和酿好的糯米酒，来到村中最有声望的老人家里，席地围坐，在芭蕉叶和木瓜叶上痛饮。

壮族的“三月三”节是壮族人民的传统节日，非常知名，壮族人称“窝埠坡”或“窝坡”，原意为到垌外、田间去唱歌，所以也称做“歌圩节”。也有称是为纪念歌仙刘三姐，因此也称“歌仙会”。

壮族人爱唱歌，壮乡素有“歌海”之称，被誉为“歌仙”的刘三姐，就是壮族民间歌手的典型代表。“三月歌圩歌满天，歌妹赶圩赛蜜甜；你唱我对欢歌起，哥妹牵手意缠绵……”，“三月三”歌圩是壮族的传统歌唱节日，历经千百年不衰，显示了顽强的生命力和不同凡响的艺术创造力。农历三月初三的八桂大地，处处歌声荡漾，据调查，广西各地有 640 个歌圩点。其中尤以巴马的盘刚河畔、都安的棉山、田阳的乔业、宜山的下涧、柳州的鱼峰山等地歌圩节最为出名。

北宋初太平兴国年间的史官乐史所撰的《太平寰宇记》就有“壮人于谷熟之际，择日祭神，男女盛会作歌。”记载，可见，对歌习俗至少在宋代已形成。壮族认为，唱歌可以防治疾病，延年益寿；唱歌娱神，可以消灾除难，故时常选择吉日到野外唱歌，逐渐发展为定期的节日。

关于壮乡“三月三”广为流传的，是为了纪念唐代歌仙刘三妹的，后来传说演变成刘三姐。传说讲的是因为歌仙刘三妹以歌为剑为百姓争利，在上山砍柴时被地主割断山藤，不幸落崖身亡。因此每年农历三月初三，人们连唱三天三夜山歌来表达对这位歌仙的怀念。

为了欢度“三月三”节日，壮族的传统习俗是煮五色糯米饭。人们摘来黄饭花、枫叶、紫藩藤等花草植物，用这些植物的汁浸泡糯米，做成红、黄、黑、紫、白五色糯米饭。相传这五色饭就是为了祭祀歌仙刘三姐的。吃这种饭不仅山歌嘹亮，而且庄稼丰收，人丁兴旺，身体健壮。五色糯米饭是专为相恋的男青年准备的，如果到入夜饭还没被吃完，姑娘就会伤心落泪的。

壮族“三月三”

歌圩节一到，方圆数百里的男女青年都身穿节日盛装，各地传统赛歌点的山头旷野、竹林草坡，人山人海，少则几百人，多则上万人，使美丽的壮乡成为歌的海洋。歌声此起彼伏，五言、七言以及五三言、七三言的壮歌，出口成章。歌词内容上至天文、下至地理，涵盖民族历史、现实生活、生产知识，等等。男女老少在这歌坪中度过一个不眠之夜，歌圩也成为传授知识的好场所。人们以歌叙情，以歌交友。传统赛歌还有请歌、求歌、激歌、对歌、盘歌、别歌的过程，内容上有见面歌、邀请歌、爱慕歌、盟誓歌、送别歌等。

“三月三”壮族歌圩，不仅是青年男女充分施展唱歌才华，以歌交友，以歌斗智的节日。“歌圩”不仅有歌，也有各种各样的活动，还是娱乐和青年男女社交恋爱的场所。在“三月三”歌节上，壮族人每年都会举行搭彩棚、摆歌台、抛绣球、碰红蛋、择佳偶、放花炮等富有民族特色的活动。

姑娘抛绣球是壮族极具特色的民俗活动。绣球是姑娘们在节前赶制的，制作工艺都很精巧，个个都是丝织工艺品；十二花瓣连接成一个圆球形，每一片花瓣代表着一年中的某个月份，上面绣有当月的花卉。有些绣球做成方形、多角形等。绣球内装豆粟或棉籽。球上连着一条绸带，下坠丝穗和装饰的珠子，以此象征纯洁的爱情。对姑娘抛来的绣球，小伙子必须反应迅速，稳稳接住。如果绣球落地，就要罚做游戏或唱山歌。在绣球漫天飞舞中，笑声、歌声，欢乐的气氛让每一个人都流连忘返。

在广西都安一带，“三月三”歌圩中还有一种男女青年的交际习俗——“碰彩蛋”。彩蛋是把熟鸡蛋染成彩色用以传情之用。小伙子在歌圩中手握彩蛋去碰姑娘手中的彩蛋；姑娘如果不愿意就把蛋握住不让碰，如果有意就让小伙子碰。蛋碰裂后两人共吃彩蛋，这就播下了爱情的种子。

而广西武鸣县清江一带的“三月三”则是一个纪念英雄的节日。相传，以前这一带曾有一位英雄，为人正直，经常除恶济贫，得到百姓的爱戴。农历三月初三，他和强大的敌人战死在一棵枫树下。为了纪念他，便在每年三月三，到野外采枫叶，与糯米搅拌在一起，煮成黑色的菜饭，大家围坐在一起食用。据当地人说，食用这种饭既可以避邪，又可以预防疾病。

云南南盘江畔壮族“三月三”则称为“祖先节”，祭祀祖先，也同时祭山祭水，而在祭山祭水时，严禁女人进入神林，严禁生人过往，否则惩罚重祭。农历三月初三这天，家家都染上很多五颜六色的糯米花饭，煮上很多的花鸡蛋，油炸糯米粑粑，做出各类鱼肉菜蔬，供节日期间尽情享用。人们身着节日的盛装，约在一起，到小河边、山坡上、草坪里玩乐，尤其是年轻人，男女互相对歌，到处是歌的海洋，到处充满着情爱的故事，这也是小伙姑娘们选择对象的佳机。

“三月三”也是布依族较为喜爱的传统节日，节庆活动内容丰富多样，但各地差异较大，不仅有唱歌会、祭祖先、祭山神、祭社神等比较普遍的仪式，还有许多其他不同的节俗和传说。

贵阳市乌当区新堡乡一带布依族的“三月三”则是一个农事节日，称为“祭地蚕”。为了保护农作物，争取获得丰收，于每年三月初三这天，拿着包谷花作供品，三五成群地至附近山坡祭祀“天神、地蚕”，祈求天神保佑，不让地蚕咬死田地里的禾苗，让五谷丰登。祭毕，人们沿田边土坎边走边唱山歌，并把包谷花撒向田中。人们认为用歌声、包谷祭地蚕，既可使它们迷糊，又能封住它们的嘴巴，田里的禾苗就可免遭虫害。贵阳南部郊区布依族的“三月三”节日则用唱歌的方法来祈求天神免灾，因此节日也改称“仙歌节”。这天男女青年上山对歌，谁唱的歌最动听，天上的歌仙听了，便会赐一副金嗓子。他们劳动到哪里，哪里就会听到金嗓子唱歌，害虫听到歌声就不敢伤害庄稼。

贵州罗甸县布依族的“三月三”是“扫墓节”。此日宗族集体到祖坟墓地挂青，宰猪宰鸡，摆设酒菜和花糯米饭祭奠。扫墓后，人们在坟山上娱乐、打猎和野餐。而罗甸县南部红水河一带的布依族，则把“三月三”称“枫叶节”。节日这天，人们到山野踏青游春，儿童们摘嫩枫叶做成圆球抛打，妇女们则摘几片嫩枫叶插在头髻上。此外，家家把糯米染成五颜六色，做花糯米饭吃。青年们到山坡上吹木叶、唱山歌。如遇上称心如意的对手，晚上便相邀到布依村寨，彻夜不眠地对歌。临别时，主人家用芭蕉叶包着花糯米饭和鸡腿肉分送歌手，作为节日的礼物。

贵州安龙县的布依族则认为“三月三日”是“山神”的生日。人们为避免山神放出蝗虫伤害庄稼，确保农业丰收，很早就有扫寨祭山神的习俗。清中叶《南笼府志》记载：“其俗每岁三月初三宰牛祭山，各聚分肉，男妇篩酒，食花糯米饭……三四两日，各寨不通往来，误者罚之。”供祭之日，禁止外人入内，唯恐把脏东西带进来。“三月三”这天，人们到村寨山神坛前摆设雄鸡、猪头等供品，还要宰一条狗，将血洒在纸旗、纸马和寨子进出要道口的石头上，然后由“老魔公”及其他人员携带淋有狗血的纸旗、纸马到各家各户扫除妖魔鬼怪。

布依族对歌少女

村寨住户都轮扫完毕，“老魔公”回到神坛，将收扫的妖魔鬼怪集中镇压于神灵之前，然后全寨男人于神坛处就地会餐，称为“陪神吃饭”。而望漠、册亨一些地方，这天则要杀狗、宰猪请客，非常隆重。节日期间，青年们多群集唱歌玩乐，还举行摔跤比赛。而安龙县德卧镇布依族的“三月三”则是独特的“毛杉树歌节”，为期三天，聚会者达数万之众。每年三月初三，盘江两岸的布依族青年男女都身着节日盛装，从四面八方赶来，举行隆重的歌会。节日一共举行三天。第一天是“蛇场天”，大家欢聚一起吃五色糯米饭；第二天是“马场天”，人们就赶到长“毛杉树”的地方，举行唱歌、跳舞、赛马、射箭等各种传统的娱乐项目。晚上，青年男女开展对歌活动，寻找自己理想的情人；第三天是“羊场天”，这天远方的客人要上路返家，主客互相祝愿，互相道别。

云南罗平八达河一带的布依族“三月三”也是举行男女青年唱歌对调的节日。这天男女老少都来到河边，一边听青年们唱山歌，一边观看小孩子比赛划竹排、打水枪。有的人家还给孩子做花糯米饭；有的则用小花布口袋装上鸡蛋和各类食品，供玩耍和参加比赛活动的青少年吃。罗平牛街的布依族男女青年则要在这三天中举行盛大的游山、对歌和交友活动。方圆几十里的各族青年，届时也来到马把山腰一带，参加和观赏这一传统的赛歌对调活动。歌手们可以在这样的场合中大显身手，凭着即兴做诗吟唱的天才，能和对手连唱三天三夜甚至更长的时间。也有许多青年男女在这里找到了甜蜜的爱情。

报京侗族的“三月三”可谓隆重，一般节期为五天，从每年农历三月初一就开始，直至初五。既是侗族的“播种节”，也是爱情的节日，称为“楼戏节”。每逢三月初一，各家主妇便忙碌起来，她们做新装、磨豆腐、备酒菜。三月初二，姑娘们相约到河边捞鱼抓虾，并与小伙子们在坡上备办野餐。三月初三日是节日的高潮。清晨，姑娘们精心打扮后来到菜园采来大葱、蒜苗洗净，然后聚在莫嘎树下，周围站满围观的人，这时小伙子们当众上前向中意的姑娘讨篮，得到者会迎来一阵赞叹声，小伙子可与姑娘悄声约定还篮时间。还篮时小伙子要以糖、布料或丝线回赠姑娘。这天中午，人们要集中在寨中心的场地上欢歌狂舞，表演场面壮观的芦笙舞。三月初四要举行盛大的化装舞会，人们头戴各种面具尽情唱跳。初五日下午，要为前来观看的邻近村寨的客人举行欢送仪式。

而贵州天柱侗族地区每年农历三月初三日则与壮族地区相同举行“风岩歌会”。传说与报京侗族相类似：古时有两个有名的歌手田郎和妹腊非常相爱；但妹腊父母反对并要将妹腊许配给恶霸，两人“三月三”相约来到风岩坡，唱忧伤歌、分离歌后坐化成“风光岩”。从此，每年三月初三，这一带的青年男女便约集在“风光岩”对歌，纪念田郎和妹腊。

“三月三”侗族花炮节

广西三江县富禄镇的侗族，“三月三”则为“花炮节”，这天侗族要聚集在一起，开展抢花炮的活动。花炮是个直径约 6 厘米、外缠彩绸的铁环，点燃火药后，铁环被轰到场地上空。当铁环坠下时，凡抢夺者便得分。同时节日期间还举行对歌、斗鸟、唱侗戏、舞狮等节目。

黔中地区苗族的“三月三”称“射花节”。节日这天，苗家准备了很多酒肉和糯米饭来招待亲朋好友，青年男女则吹芦笙，唱情歌，寻找意中人。同时开始射花，射花颇有情趣。“射花节”之前姑娘们就准备好了要射的花，节日一到，用两根竹竿把要射的花高插在坡头上，射花开始后，青年后生先在东南西北各射一箭，然后姑娘用手指她亲手做的那朵花，示意小伙子去射，如果射中，小伙子便成为姑娘心目中的意中人。

在湘西泸溪、古丈、吉首交界的苗寨，“三月三”则有“情人节”之说。这天，梁家潭苗寨就成了周边地区苗族少男少女们以歌传情的盛大节日。相传，在刀耕火种的时代，边界的苗族群众为争夺土地，经常刀棒相向，流血伤亡。后来，苗族兄弟觉醒了，不再自相残杀。各地头人达成协议，决定每年农历“三月三”举行歌会，庆祝苗族兄弟的大团结。节日这天，苗家姑娘穿戴银饰花环，打着花伞边走边唱，年轻的后生嘴衔木叶边走边吹。一年一度的对歌节不但是喜庆春耕播种，也是苗家青年男女寻觅心上人的大好时机，湘西苗族每年“三月三”举行清明歌会，又称“赶清明”。传说从前苗族住在崇山峻岭之中，日常用品购买不方便，于是苗家便邀约三月三为集众赶场的日期，既可互通商贸，也可进行娱乐。年代久了，便成了歌会节日。“三月三”的清明歌会，有传统的中心会场。届时，各寨苗族群众都纷纷赶来参加赛歌，一唱一和。老年人对歌叙家情，青年男女对唱倾情投意，寻找意中人。参加“三月三”歌会者常达数万人，白天唱了晚上唱，甚至通宵达旦。

湖南省城步县苗族，举行“三月三”的迎春节，据苗族民间口头传说，苗族始祖的出生日和仙化日都是三月初三。为了纪念始祖，每年农历三月三日，家家户户都要宰猪、宰鸭、做糯米粑，摆祭品敬祖先，祈求祖先保佑，使当年五谷丰登、人畜两旺。

海南苗族“三月三”与黎族相类似，也是洪水与兄妹成婚的祖先传说，苗族后代为了纪念先祖的婚配与繁衍，把三月初三定为本民族先祖结婚的日子，苗族家家户户都要宰鸡和煮“五色”米饭，祭祀先祖，祈求平安，并举行歌舞盛会以示庆祝。但苗民禁止在三月间结婚，表示对祖先的崇拜。

贵州省水城、惠水县的苗族在“三月三”举行“摔跤节”，也叫“跳花节”。节日这天，周围的布依族、汉族群众也前来参加。人数最多时达三四万。远路来的客人，要先喝一碗主人按礼仪款待的“进门酒”，才能进屋。节日除摔跤之外还有芦笙舞、棍棒舞、吹唢呐、吹大号、对歌、斗鸟等活动。摔跤在太阳西斜时开始举行。一对对摔跤手抓住对方腰带，待评判员发出号令，双方便可拼搏。以先倒地为输，一般要连赢两次才算胜。能摔倒所有对手者被荣称“盖场”，成为本届摔跤王。

畲族“三月三”，也叫“乌饭节”，是畲族最为隆重的节日之一。这天，畲族家家户户都要煮乌糯米饭祭祖，然后全家共餐，并以乌米饭馈赠亲友。食用乌米饭，意为给谷米过生日，也有着供奉谷神、迎接丰收的含义，因此畲族“三月三”既是一个祭祀祖先的节日，也是一个农事节日。

在畲族较为集中的福建福安、宁德、福州和浙江景宁，现在每年“三月三”都举行“乌饭节”，节日里按传统习俗，先祭扫先祖墓，然后举行锣鼓大赛，及乒乓球、象棋、拔河、篮球等体育活动。晚上表演具有畲族特色的香灯，阵容浩大，有五六十人组成，还有花灯组、锣鼓组配合，舞龙队员身穿黄色衣服，腿绑黄巾，每人执一节“香龙”，在有节奏的锣鼓声中，“诱珠”挥舞着，煞是好看。青年男女则还有对歌盘歌活动，表演传统的畲族舞蹈，篝火狂欢通宵达旦，气氛极为热烈。

四川省酉阳的土家族人则农历“三月三”过年。相传农历“三月三”是明代万历年间土家族人奉命出征，班师回朝的日子，为了纪念胜利，所以在这天过年。节日里贴大红对联、挂上大红灯笼，燃放烟花爆竹，玩狮子，舞龙灯，请亲朋好友吃“团年饭”。

其他还有许多少数民族也过形形色色的“三月三”节。台湾的高山族的“三月三”是“夜渔祭”，通过系列祭祀祈望捕渔年年丰收。

朝鲜族则在“三月三”祭祀祖先，广东省连南等地瑶族也在这天“打道箓”，祈求祖先保佑当年五谷丰登。还有水族、仫佬、毛南等少数民族则也有做五色糯米饭和糯米糍粑，喜庆“三月三”节日的习俗。

畲族三月三

此外，许多南方民族都有在三月初三“扎蛇眼”的习俗。民间认为蛇的生活习性是：“三月三，蛇出山”，因此，许多地方在头年腊月打糍粑时，家家户户都打茶盘大的糍粑，浸泡缸中等到“三月三”时烤着吃，吃了以后，蛇就不会出来伤人，使村寨人一年中出入劳作，平安无事。

在众多少数民族的“三月三”节日中，尤以黎族“三月三”、壮族歌圩的节庆形式与活动内容最丰富，并已列入国家首批非物质文化遗产保护名录。

各民族的赛歌节

我国少数民族中，有许多喜歌善歌的民族，他们在节日或者农闲时都要定期举行歌会。每到歌会、歌节，歌场周边的少数民族便会穿上节日的盛装，扶老携幼，聚集歌场。少则几千，多则几万，歌手如云，歌声飞扬，有时要热闹好几天。各地歌节，都是用歌来沟通，以歌聚拢、以歌招呼、以歌表礼、以歌探情、以歌抒怀、以歌示意、以歌求爱、以歌欢恋……

“哈节”，又叫“唱哈节”，是京族最隆重的传统节日。“唱哈”，京语为“唱歌”之意。当地各岛的节期时间不一，万尾岛、巫头岛在农历六月初十，山心岛在农历八月初十，而红坎村在农历正月十五日，但节日活动基本相同，包括祀神、祭祖、文娱和乡饮四项重要活动。

相传早在七八百年前，因受封建统治者的压迫，京族人民的生活苦不堪言，后来有一位姑娘以传歌为名来到岛上，号召人民起来反抗，争取自由。因为姑娘有一副动人的好嗓子，她的歌声感动了许多群众。后来京族人为纪念她便建造了专门的"哈亭"供奉她的神位，并定期在哈亭唱歌传歌，渐成节俗，一直延续至今。

"哈亭"是京族聚会的场所，兼有神庙、祖祠、乡饮堂、歌堂的功能。在京族的村寨中都建有"哈亭"，供奉传说中曾带领群众反抗压迫的歌仙和"镇海大王"及各姓祖先的神位。节前大家都抓紧完成农活及家务，大力美化环境，将"哈亭"装饰一新，迎接节日来临。"哈亭"正堂内供奉有"镇海大王"像和本地各姓祖先灵位，两侧有三级台阶，供人们坐着听唱歌。

节日前一天，要举行迎神入"哈亭"的仪式，并举行撵象活动，没有大象只好以猪代象，绕"哈亭"三圈，然后将猪宰掉，用其八斤肉敬祭神灵。过去，祭神前还要进行斗牛，不论胜负，一律宰了吃掉。祈神祭祀在一派庄严气氛中进行，主祭人要念祭词，以祈求神灵祖先保佑后人人畜平安，五谷丰登。祭祀完后，一边欢宴一边"唱哈"。

"唱哈"是节日里最隆重的活动，固定在"哈亭"举行。"哈亭"正堂两旁筑有台阶，过去由成年男子依年龄长幼，辈分大小及捐钱多少分高、中、低和白丁、夫力五个不同等级。按等级高低在台阶上下就座，一边欢宴，一边听哈妹唱歌，而妇女不能入席。现在已有变化，不再有等级的划分。"唱哈"一般有三人出场表演，一男歌手称为"哈哥"专门负责操琴伴奏，两位女歌手俗称"哈妹"，轮流演唱。主唱哈妹在亭中间，手拿两块竹片，边唱边敲击，伴唱哈妹坐在旁边地上，配合节奏敲击竹梆，主唱累了，伴唱者替换，"哈哥"持琴根据曲调伴和，歌声清亮柔和。歌唱内容大多为京族民间故事如《琴仙》、《十三哥卖鬼》、《京汉结义歌》等哲理歌和情歌。锣鼓声中常有少女登台献舞，其中最有特色的是"头顶天灯舞"。舞者头顶瓷碗，碗上叠盘，盘子里点燃蜡烛，同时两手端着酒杯，杯中也各有蜡烛一根。歌舞时三根蜡烛闪闪不灭，若有多人共跳此舞，则满眼烛光闪烁，美丽动人。

京族“唱哈”节

“哈节”是祭神、娱神的节日，更是娱人的节日。“哈节”还是青年们交友的节日，夜幕降临后，他们踏着月光来到海边以民族特有的“踢沙”和“摘木叶”等形式试探爱情和回报爱意，然后，情歌伴着他们度过快乐时光。“哈节”期间还进行斗牛活动。节日活动持续三天，送神为最后的仪式。“哈节”还是民族团结的节日，各家各户盛情款待慕名前来的兄弟民族的朋友，使“哈节”洋溢着民族团结的气氛，成为我国京族一年之中最重大的传统节日。

“耍歌堂”，是广东省连南、连山等地盘瑶、八排瑶的最隆重的节日，瑶族“大歌堂”每五年举行一次，节期三天；“小歌堂”每三年举行一次，节期一天，通常在当年十月十六日举行。每当举行大、小歌堂的年头，二月初寨民代表商议选择吉日修葺大庙。节日活动以“大歌堂”最为隆重。节日前，先要进行祭祖仪式：由几十名中老年男子用竹竿撑起四五丈长的红幡在前引路，后有身挂花鼓的男子簇拥着祖公神像缓步相随，或歌或舞，并鸣放土铳炮，如此巡游三天。节日当天，身穿鲜艳民族服装，带着米酒、糍粑等食品的各村寨的男女老幼聚集到“耍歌堂”的山寨。此时，山寨里锣鼓喧天鞭炮响个不停。先是在大庙里主持祭祖公、祭幡等宗教仪式，每天抬祖公偶像巡游，各种仪式都有歌舞伴随。歌堂里，头插漂亮羽毛的年轻小伙子三人一组、两人一对向围观的年轻女子唱歌，尽情表现自己的歌唱才能，以博取姑娘欢心，而姑娘不轻易答歌，只是暗自挑选意中人。“歌堂”上唱的内容很广泛，有单身苦歌、赞美歌，祝愿歌、历史渊源歌等。

通过对歌，若有情投意合者，姑娘就将手巾一方搭在小伙子肩上，作为表示愿意结合的信物。

赛歌会是云南元江县彝族支系腊鲁人的传统节日。每年农历二月的牛日举行。届时人们选择村外一块较平坦的地方作为赛歌场，场上燃几堆篝火，人们围火席地而坐。待芦笙吹响后，能歌善舞者便走进圈场中，在芦笙的伴奏下集体起舞，场上观众也为起舞者拍手助兴。接着，是男女对唱，小伙子用歌声引姑娘上场对歌。姑娘们便选出一个合适的人选来相对。对歌时，先是委婉含蓄地试探对方，慢慢地当众表露相互的爱慕之情。听众则为之报以祝贺的掌声和开心的笑声。对歌的小伙和姑娘趁着热闹的场面以目定情，他们腼腆、羞涩地偷看对方，给以亲密的笑颜，若十有八九相中了的便挽手退出场外。如果互相看不上，也当场用歌声婉言谢绝。赛歌会有时持续若干天，直到无人上场对歌时方宣告结束。结束时，人们把唱成的一对对情侣围在场中，在芦笙的伴奏下纵情歌舞。

"神仙田"歌会是布依族传统节日，每年农历正月初五举行，节期为三天。届时，位于南盘江畔的安龙县境内的"神仙田"热闹非凡。四乡八寨的布依族以及其他各族男女青年，身着盛装，前往"神仙田"活动。据说"神仙田"歌会是为了纪念让穷人有地耕种，用手画出一坝坝"神仙田"的王仙姑而举行的纪念活动。周边群众每年都聚集到"神仙田"举行赛歌、对歌活动。

贵州省贵阳市花溪一带布依族则在每年正月十五日举行"地戏节"，据说跳"地戏"始于清朝道光年间。"地戏节"这天，花溪各乡寨群众涌向地戏场地观看"地戏"。戏场中央放一张桌子、两把椅子，演员身穿戏装、头戴面具、手持刀枪在戏场中表演一番，然后举着彩旗绕村寨一周，遇到山神菩萨土地像要停下参拜。参神后敲锣打鼓到各家朝贺，称为"人寨开财门"。主人紧闭大门，众人在门前一字排开，齐唱吉祥歌。表演结束演员同观众一起到村头寨脚扫场，意思为扫除一切天灾人祸、是非口舌，祈求来年五谷丰登、人畜兴旺。最后再回到地戏场表演一下。日暮黄昏，刀枪入库，面具还箱。地戏节结束。

湖南通道一带的侗族则在每年立夏前的第十八天举行大雾梁歌会。此节是侗族小伙子和姑娘们为了纪念传说中的一对抗议不合理婚姻而徇情的勇敢恋人，约定每年的这天在大雾梁举行歌会。对歌会上的对歌形式多种多样，有的是三三两两的在树荫下对歌倾吐爱慕之情；有的是在大庭广众之下，摆成歌阵，举行民歌比赛会；有的围成一个圆圈，边唱边舞；有的则弹响琵琶，叙唱门龙、肖女的故事。傍晚，人们还要合唱一曲分别歌。

侗族人民善歌，“赶歌节”各地都有，贵州省黎平县侗族赛歌盛会叫“赶歌坪”。每年农历八月十六日举行，历时一天。节日当天早上，主办寨子以鼓楼为单位（基本属于一个房族），姑娘们盛装打扮，在善歌的老婆婆们的带领下，来到指定的地点，在铁炮、鸟枪和鞭炮声中，按四方阵形坐定，然后开始唱歌，首先要唱侗族传统大歌，主要内容是规劝青年人孝顺父母、尊敬公婆、为人正直、忠于爱情和为人诚实等。届时，邻近村寨的青年都前来观听，待唱到一定时候，主村的小伙子们便装扮成“叫花子”向外村的姑娘们讨歌。外村的姑娘们并不推辞，因为事先早有准备，她们慷慨献歌后，小伙子们认为看得起他们，便回家换上新装，与姑娘们正式对歌，对歌结束，小伙子们还要向外村的姑娘馈赠小礼品，以表示感激之情，姑娘们则主动邀请小伙子到她们寨上做客。晚上，小伙子们应邀前往，姑娘们又陪伴这些小伙子在歌堂中对歌谈情直到深夜。故“赶歌坪”又是侗族青年男女互相了解、谈情说爱的大好时机。

龙胜瑶族歌节，在农历三月初三日举行。这一天，当地瑶族群众举行打油条、唱山歌活动。当地所唱的山歌有序歌、茶歌、敬歌等。形式灵活多样，有对唱、合唱以及教唱等。当地有“山上红花绿叶衬，瑶寨油茶伴山歌”的俗谚。相传从前瑶家开山种地，春耕秋收，翻山越岭，累得背弓腰弯。天上神仙怜其艰苦，于是扮成过路商人来帮助瑶人，在人们的扁担和背篓上系上一根麻绳，重担一下变得轻悠悠了，然后又让大家坐下歇息，教大家唱山歌，唱来唱去，忘了疲劳。这天恰好是农历三月初三，后来瑶家人为了感谢神仙的帮助，将此日定为传统的歌节。

“石宝山歌会”在每年农历七月的最后几天举行，剑川、兰坪、洱源、鹤庆、大理、丽江等地的白族群众成群结队地来到剑川石宝山，欢度“石宝山歌会”。“石宝山歌会”是白族最富有浪漫色彩的节庆活动。成千上万的白族男女，在这里以歌会友，以歌言志，用优美的白族调赞美生活、抒发情感，寻找意中人。在七月流火的季节，这里汇成了歌的海洋、歌的世界。歌会期间，身着白族盛装的男女聚集在石宝山宝相寺旁，弹起三弦，即兴对唱。白族民歌的内容多是有关男女爱情方面的，调子时而情深意长，诉说着爱情的坚贞；时而活泼欢快，倾吐着见到心上人的欢欣；时而婉转缠绵，有如一曲爱的心语；时而高亢激昂，那是爱的誓言。即使是忧郁的调子，也会让人感受爱的深沉。优美的旋律，让人们体会到白族民歌艺术的无比魅力。

白族石宝山歌会

在盛大的歌会上，白天唱了还不够，等到夜幕降临，人们又点起堆堆篝火，这里一群，那里一伙，你来我往，继续对唱。有的对唱几天几夜仍意犹未尽，就相约来年再唱。白族的青年男女，也往往在歌会上相识相知，并私订终身。即使不能终成眷属，一对知心人也会在以后的歌会上年年相约对歌，直到去世。正如一首白族情歌所唱：“金山银山会吃光，只有情意记心上。哥哥情深妹意长，拄拐杖相帮。相好好到头发白，相爱爱到牙落光。人生一百情不断，拄拐杖相帮。”爱是人类歌唱的永恒主题，“石宝山歌会”本身就是白族一首韵味悠长的爱的诗篇。

傈僳族的歌会，最具风情，称做“澡堂赛歌会”，又称“温泉赛歌会”或“汤泉赛歌会”，流行于云南省怒江一带。每年农历正月初三后择日举行。赛歌会长达十多天。

赛歌时，男女双方分为两组，然后围成一圆圈，女的手拉手，男的手搭肩，双脚按节拍有规律移动并不断交换位置。每一圆圈都由对赛的男女歌手领唱，其他人和声。歌词大多是即兴而作，内容丰富多彩。在六库一带，歌会以《汤泉恋歌》为主题，这是一部抒情长诗，叙述了一对男女青年在温泉边三度相会的恋爱故事。夜幕降临，人们便燃起堆堆篝火，边赛歌边品尝各自带来的美酒佳肴，兴致颇浓。“澡堂赛歌会”据说已有一百多年的历史，节日期间也是男女青年谈情说爱的极好时机。

畲族的歌节最浪漫，在每年农历八月十五日的中秋节举行，所以叫“中秋歌节”，流行于福建省福安县和宁德县的畲族聚居区。畲族

畲族歌会

把八月十五这天视为走亲访友的好日子，而陪客唱歌又是畲族的独特习俗。中秋歌节不但要陪客唱歌，还要集中到县城去对歌。节日这天，人们结伴来到县城，白天访亲探友，晚上开始对歌。对歌的时候，男女各站一边，女的还特别喜欢挤在一起，不参加唱歌的妇女也要和歌者挤在一起，以壮声势。高明的歌手，可以随便转换曲调，除了对唱，他们最爱唱的一种双音叫“双条落”，是一种属于重唱性质的歌唱形式，具有浓厚的畲族特色。

人间几度赛歌会，这边唱罢那边起，各民族的歌节盛况空前，而其中京族“哈节”、瑶族“耍歌堂”，已列入国家首批非物质文化遗产

保护名录。

壮族的“蚂蜴节”、仫佬族的“依饭节”和毛南族的“分龙节”

壮族传统风俗节日，又称“蚂蜴（guai）节”。广西的河池、百色及东兰、凤山一带的壮族人民，每年春节期间，以数村为单位进行敬蛙活动，这是一个与农事活动紧密相关的节日。

在红水河流域，传说掌管风雨的不是龙王，而是蚂蜴女神。红水河沿岸壮族村寨通过祭祀蚂蜴，祈求风调雨顺，五谷丰登，人畜兴旺。在当地流传着这样一个传说：很久以前，壮族有一个名叫东林的孝子，他的母亲去世时，屋外蛙声不绝，他怕打扰了母亲灵魂的安宁就用开水浇死了青蛙（蚂蜴）。结果闹得蛙声断绝，害虫旺盛，人间遭灾，颗粒无收。这时，东林才知道自己不对，误杀了“天女”（青蛙），因此给“天女”厚葬，并在每年正月接“天女”回人间过节。

每当春节到来之时，人们便自发到“蚂蜴亭”（社亭）周围举行隆重热烈的“蚂蜴歌会”。“蚂蜴节”期一般从大年初一起至二月初二结束，节日期间人们以祭蚂蜴为主要活动，敲锣打鼓，招集四方歌友。大家穿上节日盛装，欢聚一堂，歌声遍野。活动程序一般有找蚂蜴、孝蚂蜴和葬蚂蜴三步，以跳蚂蜴舞、唱蚂蜴歌形式相伴完成，以共庆丰收，祈求来年风调雨顺。

每年正月初一人们都要选一二十名青年，穿着盛装，敲锣打鼓到田边地头寻找正在冬眠的蚂蜴。最先找到的那只青蛙被尊称为“蚂蜴头”，大家唱歌祝贺。接着在所捕青蛙中选一只，与“蚂蜴头”配成一对，送往村里“蚂蜴亭”，祈祷后，就把青蛙打死，装进一个大竹筒。发现蚂蜴的人被尊为“蚂蜴”，由其主持当年的蚂蜴活动，首先由找到它们的小伙子抢着蚂蜴挨家拜年，向各家各户道贺，在主家门前唱几句古老的蚂蜴歌:“呼——呀，鹞莫飞，鸦莫叫，蚂蜴姑娘到，来把新喜报。”并对主家唱道：“养鸡变金凤，金凤下彩蛋。养狗成猎犬，猎肉来当餐。养牛生龙角，麒麟满牛栏。养马变骏马，员外配金鞍。主家手儿巧，摸土变银钱。”这首古老的充满喜气吉祥的“蚂蜗歌”，唱得主家眉开眼笑，他们给“蚂蜗姑娘”送上米或钱、彩蛋、糍粑、肉粽等年节礼物，每天的游村至日落方告结束。各家各户送的钱为百家钱，米为百家米，钱留作节日聚餐的开销，米则分给小孩，保佑孩子快快长大。

夜晚，村民到停放蚂蜗的亭子为之守丧。正月最后一天，各家宰杀鸡鸭，煮五色糯米饭，午饭后，全村人将蚂蜗送到坟地入葬。葬前，由蚂蜗郎打开上一年的葬蚂蜗棺木，检验其骨骼，如见金黄色，则预示当年风调雨顺，吉祥如意；如遇黑色或灰色，则表示年景不佳，要人们预防旱涝灾害，并烧香祈求丰收安宁。然后，数村男女青年奉献祭品，并敲击铜鼓，以跳蚂蜗舞、唱蚂蜗歌形式相伴完成，以共庆丰收，祈求来年风调雨顺。“蚂蜗舞”的舞姿多模拟青蛙而为，主要动作有双腿深蹲、撑棍仰身、碎步横行、抬踏颤点等，富于生活气息，诙谐风趣。

“蚂蜗节”是一个对青蛙表示尊重的节日。把青蛙当做吉祥物，是因青蛙捕食害虫，保护庄稼，同时，与壮族自远祖以来就以农为业有密切关系。这与古代壮族先民在鼓面上铸造青蛙模型一样，是崇敬青蛙的表示。另外古代壮族的某些部族曾以青蛙为图腾，故有此遗俗。

在仫佬族的众多节日中，最独特最隆重的节日是“依饭节”，又称“喜乐节”。有祈神驱邪、保安集福、贺五谷丰登之意。每隔三至五年举行一次，在立冬后择日举行，流行于广西罗城仫佬族自治县东门镇、四把等地。

“依饭节”自古有之，曾被仫佬族人民以族规乡约的形式固定下来。广西罗城仫佬族自治县四把乡大梧树谢姓仫佬碑文记载：“历代以来，敬有依饭公爷，每逢辰丑未之年，轮四方族头，买办依饭节牲头，至依饭年要各房头人办齐牲头，勿得有误。”过去每隔三年在宗祠内或族人家里做一次“依饭”，目的是还“祖先愿”，故又名“敬依饭公爷”。据说做了“依饭”，同宗族人的财产能得到保护。

关于“依饭节”的来历有二种传说。其一，传说仫佬族始祖因犯罪坐牢期间，得到守监梁、吴二人同情而趁深夜放出始祖。但当晚一片漆黑，又有追兵在后。危难关头忽见一白衣姑娘，牵白马前来相救。始祖骑马腾空而去脱离险境。始祖发迹后不忘梁、吴和白衣姑娘救命之恩，定遇难呈祥之日为“依饭节”。其二，传说宋代天禧年间仫佬山乡遭外敌入侵，梁、吴带领乡民鏖战抗击，不幸英勇牺牲。宋徽宗于嘉熙四年特封梁、吴二人为官，并建龛堂，规定每逢亥、卯、未年奉请三元师祈神集福，祈求人畜平安，五谷丰登。

节日来临，家家户户宰鸡宰鸭，包粽子，做糯米饭，并请来道师作法事活动，迎神送神祭祀结束，亲戚朋友同餐。节日期间，还举办唱歌演戏以及各种体育比赛活动，热闹非凡。“依饭节”一般在祠堂里举行，除了“峒”内族人聚会和祭祀神灵外，还请来唱师，进行歌舞活动。事前，选出最长最饱满的糯谷稻穗，用彩带扎起来，悬于墙上。祠堂中央的大桌上摆满用芋头、红薯做成的水牛、黄牛模型。此外，桌上还摆上一盘五色糯米饭，其周围摆上甜酒、花生、芝麻、黄豆、胡椒、八角、沙姜等十二种农产品和鸡、鸭、蛋、鱼、猪心、猪肝、猪肠等二十种祭品，以示六畜兴旺、农渔牧副丰收，不忘神恩祖德。“依饭节”的程序有：安坛、请筵、点牲、唱牛哥、会兵、送圣等。“依饭节”结束时，将谷穗和耕牛模型分送给各家各户。

仫佬族依饭节

“依饭节”为仫佬族所独有，是仫佬族信仰习俗长期积淀的结晶，体现出仫佬族文化之精髓，是仫佬族民间文化的重要象征。

毛南族人一年一度的盛大传统节日叫“分龙节”，又称“庙节”。从每年农历的夏至之日起，按地支顺序，数到亥日即为上南庙节，数到辰日便是下南庙节。上南、下南是当地地名。

关于“庙节”的由来，毛南族的山乡有着各种传说：一说农历夏至后第一个辰日前后，降雨量有明显的不同，前时雨水均匀正常，后时晴时雨，容易出现旱灾，这是由于天上的“龙”布雨不均匀所造成的。为了祈祷风调雨顺，以保丰收，这天向天神祈祷，祈求五谷丰登。一说祭奠“三界公”。传说，毛南族特殊的饲养菜牛法，是由他们所崇拜的善神“三界公”传下来的。后来毛南族学会饲养菜牛和使用耕牛，生产逐步发展，生活日益提高。毛南族人民为缅怀“三界公”的功绩，便于这天聚集在一起纪念他。因“三界公”生前喜欢吃菜牛肉，每到庙节，各村寨都要宰菜牛来祭奠他。世代相传，便形成了毛南族的庙节。

毛南族信仰的神灵，大都是对本民族本地区有贡献的先民。除“三界公”外，还有专管架桥事物的仙官，护桥的神灵“仙桥”、负责为民除害、保佑村民安宁的“社王”以及主管人间生育的“万岁娘娘”，等等。

节日里，首先要进行祭祀，主要祭祀活动共有“肥套”、“肥虾”、“肥庙”三种。“肥套”就是毛南族的“还愿舞”，共有十五个舞蹈场面，内容为向王母娘娘求子和向其他神祈求人丁、家畜平安的还愿活动。其过程由主唱师公念咒语、唱神书。舞蹈整体由十五个舞蹈组成，内容非常丰富，风格原始古朴、气氛肃穆。从面具造型上就可看出，诸神神态安详，帽饰华丽，变化得体。

毛南族分龙节

“分龙节”的祭庙，向神灵祈求人畜兴旺的“还愿”活动等，均有师公扮演的各种神的形象舞蹈，既具有浓厚的民族特点，又有神秘的宗教色彩。“还愿”时需要摆设各种“供桌”，搭神坛，在神坛上“安楼”，挂神像，舞蹈活动均由一班师公主持进行。当主唱的师公念请哪位神时，即由师公戴上该神的木面具舞蹈，按一定的程序表演。这些舞蹈的主要内容是“还愿”之家希望通过祈神活动得到“恩赐”，使以后的子孙兴旺发达。舞蹈的基本动作有软拜步、起伏碎步、甩袖、绕手轻拜、跳小步和辗转绕圈等。动作规律是在流动行进中起伏跳荡，轻柔悠然，气氛较为庄重肃穆。

节日里，毛南族家家户户都要打扫卫生，把屋子收拾得整整齐齐，干干净净，并买肉、买酒，蒸五色糯米饭和粉蒸肉。人们从山上折回柳枝，插在小堂，把蒸熟的五色糯米饭，捏成小团，密密麻麻地粘在柳枝上，表示当年农家硕果累累，五谷丰收。给耕牛喂一份糯米饭和一块粉蒸肉以示慰劳。然后全家聚集在一起，举杯痛饮，欢度佳节。

饭后，男女老幼身着节日盛装，用树叶包上无色糯米饭和粉蒸肉，装在漂亮的竹篮里，走亲访友，向亲友祝贺节日。青年妇女们身穿镶有花边的开襟上衣和滚边裤子，佩戴银牌和手镯、首饰，兴高采烈地带着子女和礼物回娘家，与自己的父母、兄弟、姐妹团聚，畅叙家常，欢度节日。青年男女则三三两两，邀约于野外对唱山歌，有的小伙子拿着花竹帽，找姑娘唱歌倾谈，如果彼此情投意合，男子便把花竹帽送给女子作为定情物，唱着“金竹节节稀，黑竹黑发光。花帽精又美，芙蓉配牡丹”之类的山歌，踏月而归。

“蚂蜴节”、“依饭节”和“分龙节”中的主要舞蹈“肥套”，都是广西申报并获得国务院批准的国家首批非物质文化遗产保护项目。

瑶族的“盘王节”与“达努节”

“盘王节”，又称跳盘王、做盘王、还盘王愿等，是各地瑶族统一的传统节日。广西、湖南、广东、云南等省、区都过“盘王节”，但原先各地瑶族过节时间不一，通常在冬季农闲时，桂北、湖南、粤北瑶族多选在农历十月中旬至春节期间。1984 年 8 月，各地瑶族代表汇集广西南宁，定每年农历十月十六日统一过“盘王节”。

“盘王节”历史悠久，早在晋干宝的《搜神记》中已有记载。“盘王节”的早期形式与瑶族历史上的图腾崇拜，祖先祭祀活动有关。盘王是瑶族支系盘瑶传说中的始祖，他是一位大智大勇的英雄。古时候，“番王”扰乱边境，“民受欺凌国受辱”，朝中却无一人挺身而出，只有名叫“盘瓠”的龙犬敢揭黄榜，自告奋勇杀敌卫国。盘瓠龙犬咬死了番王，拯救了国家与民族，被招为国王的驸马。为了变成人形、要让烈火蒸七天七夜，由于公主心切，第六天就揭了盖，故盘瓠龙犬头上和脚上的毛未脱尽，只好用布带把头和脚裹起来。盘王与公主结婚后，依山而居，男耕女织，生下了六男六女。有一天，盘王上山打猎，被一只羚羊用角撞下山崖，不幸身亡，他的子女为了悼念父王，使用泡桐树制成鼓，将羚羊皮蒙做鼓面，击鼓以示悲愤。与这一神话传说融为一体的民族祭祀活动——“敬盘王”，千百年来一直在盘瑶中流传。

节日时间一般三天三夜或七天七夜。活动可各家单独举行，也可以多户联合成同宗族进行。祭祀仪式主要分两大部分进行。第一部分是“请圣、排位、上光、招禾、还愿、谢圣”，整个仪式中唢呐乐队全程伴奏，师公跳《盘王舞》（《铜铃舞》、《出兵收兵舞》、《约标舞》、《祭兵舞》、《捉龟舞》等）；第二部分是请瑶族的祖先神和全族人前来“流乐”，流乐的瑶语意思是玩乐。这是盘王节的主要部分，恭请瑶族各路祖先神参加盘王节的各种文艺娱乐活动，吟唱表现瑶族神话、历史、政治、经济、文化艺术、社会生活等内容的历史长诗《盘王大歌》。“流乐”仪式一般要举行一天一夜。

“盘王节”仪式由 4 名正师公主持，各司其职，还愿师、祭兵师、赏兵师、五谷师，每人 1 名助手，共 8 人，此外还有 4 名歌娘歌师、6 名童男童女、1 名长鼓艺人和唢呐乐队参与“盘王节”。其传承方式以师承和家传为主。

节日期间活动内容丰富多彩，跳长鼓舞，唱《盘王歌》、历史歌、爱情歌、生产歌等。有的地方还有打花棍，放花炮以及请戏班子唱戏等活动。过去，有的瑶人每隔若干年要还一次“盘王愿”举行诵经作法，宰牲祭祖。“跳盘王”是节日必须表演的一种传统民族舞蹈，

“跳”即舞之意，“跳盘王”是指人们载歌载舞以谢盘王的恩德、并祈求盘王保佑子孙安泰。黄泥鼓舞是跳盘王的主要舞蹈，它以一面母鼓、八面公鼓为主，母鼓鼓身短而粗，公鼓鼓身长而细，鼓身皆绘有寓意吉祥的花纹。8 位瑶族姑娘，拿着丝巾圈成外圈，并随着鼓声翩翩起舞。公鼓与母鼓配合默契，有时母鼓在前，公鼓列成一排在后，有时公鼓将母鼓围在中央，有时相互交错，鼓声节奏分明，舞者舞姿敏捷，围观的人们不时发出阵阵喝彩声。

现在的“盘王节”已逐步发展为庆祝丰收的联谊会。瑶族青年男女则借此机会以歌道情，寻觅佳偶。

“盘王节”期间，各地不仅举行各种庆祝活动，各主要聚居区还定期组织范围不等的民族盛会，吸引区内外、国内外宾朋前往参加，使之从一个民族传统节日发展成为具有文化、经济、娱乐等多重功能的节日。

“盘王节”作为一个历史悠久、分布广泛的大众节庆活动，集瑶族传统文化之大成，是一种增强民族向心力、维系民族团结的人文盛典，已列入国家首批非物质文化遗产保护名录。

“达努节”又称二九节、盘古王节、祖娘节、瑶年。“达努”为瑶语译音，意为“不要忘记”，是广西壮族自治区都安、巴马、马山、隆安、平果等县瑶族布努支系传统年节，一般农历五月廿六日开始到廿九日结束。过节的周期不一定每年一度，而是根据当地的传统和谷物收成以及人畜安康的情况而定，有的地方几年一次，有的地方甚至十二年才过一次。

相传远古时，有两座高大的宝山，一座叫布洛西山，一座叫密逻陀山，两山每年靠近一尺，经过九百九十五年，只剩五尺就要挨在一起了。这年的五月廿九日，一声霹雳，两山同时裂开一条缝，从布洛西山走出一个高大的男人，从密逻陀山走出一个壮实的女人，男人叫布洛西，女人叫密逻陀，这一天就成为他们的生日。后来，他们结成夫妻成为创造天地万物的第一对勤劳智慧的父母。布洛西出门整山治水，密逻陀从神仙住地采得各种种子，种出树木、花草和五谷。她还用泥土捏各种动物放在六只缸里，育出了马、牛、羊、鸡、犬、猪，现在人们总称为“六畜”。他们的三个女儿长大后，密逻陀就让她们各自去谋生。大女儿扛着犁耙到平原耕地犁田，后来生子生孙，成为汉族。二女儿挑了一担书箱去读书，以后子孙繁衍，成了通晓琴棋书画吹拉弹唱的壮族。三女儿拿了一斗小米到山里开荒种地，种子发芽了，野猫出来刨，谷子成熟了，山雀飞来啄，三女儿于是回家向密逻陀哭诉，密逻陀就把珍藏的铜鼓给了她。三女儿回到山里，烦闷时，敲起铜鼓，就快乐了，鸟兽来糟蹋庄稼时，敲起铜鼓，鸟兽就吓跑了。三女儿在山里安居乐业，传宗接代，成了现在的瑶族。瑶族儿女为了缅怀祖先的恩情，就把密逻陀、布洛西生日这天定为“达努节”。传说，密逻陀要求三女儿在她生日那天，酿一缸小米酒给大家尝新，用四两新麻代替牲畜做寿礼，并提前三天拿铜鼓来闹场。所以，“达努节”一般从农历五月廿六日就开始欢庆，家家户户还备上四两新麻做祭品。

每逢节日，人人穿上盛装，家家准备丰足的酒菜，村头寨尾打扫得干干净净，出了嫁的姑娘，也纷纷带着儿女，回到娘家欢度佳节。各个村寨都有一块平地作为节日活动场所，节日当天，家家户户都带来节日食品，供大家品味。节日活动丰富多彩，敲铜鼓（或皮鼓），跳铜鼓舞是最富特色的活动内容。铜鼓在布努瑶人心目中是祖神赐予的神物，敲起铜鼓就能赶跑鸟兽，保证庄稼好收成。因此，“达努节”的铜鼓声如一面旗帜，集聚着民族的力量。铜鼓悬挂在木架上，人们轮流上场，每次二男一女，男的一个击铜鼓，一个击皮

瑶族达努节

鼓，女的或撑雨伞，或拿斗笠，边舞边为铜鼓手送去一阵阵凉风。它既是一种民族民间舞蹈，又是一个比赛项目，铜鼓三五个不等，敲击者伴着鼓点，边敲边舞，鼓点铿锵有力，舞姿淳朴健硕，表现了山民耕作、狩猎的生活情景，有的地方还开展赛鼓活动，表演之后，众人争着向最佳鼓手敬酒祝贺，称他为鼓王。点冲天炮也是节庆的一大活动，在场地上摆上数十枚自制的火炮，然后由若干名男女对手把炮点着，对于荣获优胜的点炮手，人们把他抛起来。此外，节日期间各地还有赛画眉、打拳、吹唢呐、对山歌等丰富多彩的各种活动，以娱乐活动纪念始祖娘娘的诞辰，为缅怀密逻陀的恩情，庆祝瑶家人寿年丰，六畜兴旺，子孙后代在这天敲着铜鼓给始祖娘娘祝寿，沿袭至今，在节日期间，人们利用集会，交换思想，交流生产技术，促进生产发展和民族文化的发展。

土家族的“赶年”
与京族的“镇海大王节”

土家族团聚过年，有其独特的习俗：若腊月大则廿九过年，腊月小则廿八过年。即赶在汉族过年的前一天过，俗称过“赶年”，也有的地方称为“调年会”。是土家族一年中最为隆重的节日，在调年期间举行丰富的喜庆活动，调年活动持续几天，甚至十几天。

土家族为什么要过“赶年”和“调年”呢？在川黔湘鄂边区，土家族都有过“赶年”的风俗，但其传说各异：一种说法是相传在明朝嘉靖年间，土家族的先民随胡宗宪征讨倭寇，在腊月廿九那天提前过了年，慰犒将士。将士们吃了丰盛的酒席，养精蓄锐，到除夕那天狠狠打击了倭寇，取得了胜利。为了纪念这次征战胜利，同时，也为表达广大民众对抗倭将士的深切怀念，永顺县土家族人就定在腊月廿九（或廿八）过年，这种“过赶年”的习俗已经持续了好几百年。另一种说法是为了打败异族的骚扰。由于民族战争频繁，土家族民众常常不能安全过年。于是，土家族头领便施巧计，出奇制胜。头领让民众提前一天过年，尔后，率领将士猝然出击，敌人过年大吃酒肉，毫无戒备时，被土家族人打得落花流水，仓皇撤离。另外也有说四川酉阳、秀山一带的土家族人分别在农历三月三、四月十七过年，是因为明代万历年间土家族人奉命出征，班师回朝的日期不一致，所以过年的时间需要调年。

土家族赶年

节日里贴大红对联、挂上大红灯笼，燃放烟花爆竹，玩狮子、舞龙灯，请亲朋好友吃“团年饭”。土家人平日用鼎罐做饭，年饭是将肉切成大块，加上佐料，一层米一层肉、萝卜等，合煮一锅。年饭做好，要先祭祀祖先。祭祀时，焚香燃烛，烧钱化纸，三跪九叩，怀念祖先功德，祈求祖先护佑。团年时，要先给果树和犁铧、牛栏、猪圈、鸡舍喂饭，给碓、磨、锄等贴“压岁钱”以求五谷丰登、六畜兴旺、瓜果丰硕、财源兴隆。年饭要有剩饭，从腊月除夕吃到新年正月初旬，寓意年年有余。过年一定要在自家“守岁”，土家人说“麻雀也有三十夜”，即使是在天涯海角，也必须赶回自家吃“团年饭”。夜晚，山寨万家灯火，火塘里大火熊熊，一家老小围着火塘取暖“守岁”到天明。正月初一凌晨，抢先到院坝燃放烟花爆竹，名为“抢年”，有的地方称之为“出天行”，看谁放第一声爆竹，谁家来年就会风调雨顺、五谷丰登。

节日中最富民族特色的歌舞是“舍巴日”。“舍巴”意为“摆手”，“日”即“做”。土家语动宾倒置，“舍巴日”汉语直译为“做摆手”，意译为“摆手舞”。因此，“摆手堂”是土家族年节里最热闹的地方。“摆手堂”在土家地区很普遍，每村必有。摆手堂有大有小，但无一例外地要在场地边立一土庙，供奉土王或土家族先祖八部大王神。“摆手舞”是土家族祭祀祈祷的一种活动，一般在年节举行，并发展为祭祀、祈祷、歌舞、社交、体育竞赛、物资交流等综合性的民俗活动。

“摆手”有大小之分。每隔三、五年举行一次的叫“大摆手”。“大摆手”规模大、套数多、时间长，历时七八天，与集市贸易、文艺体育活动一起，在“摆手堂”前举行。传说摆手起源于古代巴人战时所跳的“巴渝舞”。商末武王伐纣时，军中的巴人作战时手持尖锐的兵器，边舞边进，勇不可挡。由此便发展成为一种摆手舞。现在，摆手从内容上发生根本变化，涉及土家人生产、生活的各方面。摆手动作简单、明快，出左脚，摆左手；出右脚，摆右手，摆手的动作贯穿首尾。故有“摆手”之称。跳摆手，要击鼓鸣锣，还要伴以唱歌。随着一声鼓点，土家人围着场地摆起手来。顿时，鼓乐震天，“撒尔嗬”的歌声夹杂其中，“摆手堂”一片欢腾。土家人在摆手活动中，要唱一种古老的歌叫《摆手歌》，其想象瑰丽奇特，语言朴素生动，情节曲折细腻，反映出土家族祖先征服自然的英雄气概。清代文人彭施铎诗云：“福西城中锦作窝，土王宫畔水生波；红灯万点人千叠，一片缠绵摆手歌。”

土家族赶年

“摆手舞”意在追忆祖先创业的艰辛，缅怀祖先的功绩，展示土家先民的生活场景，整个活动有着浓厚的祖先崇拜痕迹，已入选全国首批非物质文化遗产名录。

“镇海大王节”是广西壮族自治区京族民间宗教节日，每年农历十二月廿四日举行，节期为五天。

届时，当地京族举行隆重“年晚福”仪式，焚香设供，行祭祀之礼，祈求海神保佑来年出海捕鱼平安，满载而归。

京族居住在广西东南的北部湾地区，以渔业为主。过去，由于捕鱼工具简陋，作业方法落后，缺乏科学知识，海洋上天气风云变幻，他们便把生产上的成败寄托在神灵是否庇护上。所信奉的神祇大多与海洋有关，如“海龙王”、“镇海大王”、“海公”、“海婆”等，关于“镇海大王”还有一个广为流传的故事：

很久以前，在白龙尾一个大石洞里，有一条很大的蜈蚣精，所有船只经过这里，必须献一个人给蜈蚣精吃，否则，蜈蚣精就出来兴风作浪。长期以来，蜈蚣精成了这一带的大祸害，后来一位老翁把蜈蚣精烫死了，长期祸害渔民的蜈蚣精死了，渔民们可以平安地在海上捕鱼了，每次渔船驶过白龙尾时，人们都怀念着这位勇敢的老人，传说他就是专门保护渔民的“镇海大王”。

以后渔民出海打鱼都要祭奠他，如果遇到与渔业相关的事，也要祭祀，如在未下水前和捕鱼季节的始末，新渔网织成或新船造好，需要准备祭品往海边祭神，如果海产歉收，也需到海边拜祭。这些活动一般都不请“师傅”（京族群众对执行法事的道士的称呼）作法，只是各家各自拜祭即可。如果某家渔业失败，必定是有野神作怪，这时须请“师傅”来作法。届时“师傅”手持一根通红的火把，口含一口生油，一边作法，一边喷洒生油，俗称“过油锅”，这便能驱除野神，使渔业得丰收，保佑人畜平安。有的地方在“唱哈节”的前一天，将“镇海大王”接入“哈亭”供起来；有的地方则在每年农历十二月廿四日到廿八日，举行隆重的做“年晚福”，这些都是向海神祈求，保佑海上平安，渔业丰收。

黎族“军坡节”
与仫佬族“走坡节”

“军坡节”是海南琼中一带黎族支系民间节日，每年农历六月廿日举行。“军坡节”是出于对古代某个英雄人物，或神话传说中的人物的崇拜而设立的。

传说这一天是当地堑对、乘坡等四村峒主公诞生日。当天，人们从四面八方涌来，在喧闹的锣鼓声中，把峒主公偶像抬到各村游行。游行的队伍每到一村寨，该村的男女老幼一定盛装出迎。每到丰收之年，村人还特请附近有名戏班，前来表演琼剧助兴。

“军坡节”要吃军坡饭。开饭时，鸡鸭鱼肉摆满一桌子，而且还要架起火锅，亲朋齐聚一屋，其乐无穷。据说，过去每到“军坡节”，家家户户都把自己养的番鸭宰了煮熟，拿到军坡场去评比，俗称“打赏”。酒足饭饱之际，便有舞狮队敲锣打鼓而来。舞狮队在这里称醒狮队，有男的舞狮，也有女的舞狮。家家户户都在大门外摆好香案烛台和祭品，等醒狮队一到，便点燃香火和红烛。醒狮队前有四人抬两顶轿子，轿中有关公和冼太夫人的塑像，抬到香案前放下；另有人把手中拿着的小件的关公、冼太夫人等诸神的塑像放在香案上，拜祭活动便开始了。之后，便是舞狮。舞狮者踩着鼓点，威风八面地舞，热闹非凡。

“军坡节”中最招彩和最热闹的盛事是夜间看戏。各家各户集资，请来琼剧班子，唱几天戏，习惯只能演喜剧、正剧和闹剧，预示着美好生活的开始和人们的向往。每逢看戏，真是人声鼎沸，热闹非凡。于是，一年一度的“军坡节”也在紧锣密鼓声中降下帷幕了。

仫佬族的“走坡节”也很热闹，“走坡节”是仫佬族青年男女自由恋爱、相识相恋的最好机会。“走坡节”多在春、秋农闲时节举行。春季走坡选在春节至元宵节的一段时间，秋季走坡选在中秋节前走坡活动，自有惯例，不必发通知、出布告，坡会的日期和场所，人们心中早已有数。届时，青年男女身穿节日盛装，女的花枝招展，男的潇洒大方，成群结队，由各村各寨云集到野外对唱山歌。

仫佬族人民善唱山歌，这是他们历来用以歌唱生产、生活与爱情，传授科学文化知识的艺术形式。歌的种类有：“随口答”，是即兴而作的短歌，多是男女青年谈情说爱时随问随答的对歌，句式有四句或六句，每句都是七言的，也有少数为六字头七字尾，押脚韵；“古条歌”，即为叙事式歌谣。有歌舞，其内容为民间流行的历史故事、神话传说等，以 15～30 首为一条组成的长歌，叫“古条”，是民间歌手世代相传下来的；“口风”是一种讽刺性歌谣，亦称口角歌，内容不拘，随编随唱，有“正口风”和“烂口风”之分。前者较文明，后者较粗俗，都富有机智、幽默、诙谐的特点。

仫佬族走坡节

青年男女用歌声邀请对方，唱歌传情，互唱互答，有邀请歌、盘问歌等，以此增进彼此的了解。如果男女双方有情有义，便接唱倾诉爱慕之情的“谈情歌”；如双方感情进一步加深进而歌唱“初结歌”，表示初步认定对方为自己的意中人。对歌结束时，要唱“惜别服”、“相约歌”，表示年轻恋人依依惜别、难分难舍，盼望再相见的心情，并互赠信物，男方送女方月饼，称“同年饼”，女方送男方同年鞋，又称“鸳鸯鞋”，意为成双成对，共结同心。如男唱：“八月十五月团圆，哥送月饼表姻缘；为了我俩成双对，礼轻情重妹莫嫌。”女方则会有回应：“郎哥爱，手接月饼心花开；八月中秋哥送饼，九月重阳妹送鞋。”这首歌，既唱出了送物定情的心愿，又约定了下次相见的日期。再次走坡时，先到的一方唱“守等歌”，接着唱“重逢歌”，试探对方的诚意和表示永远相爱的“结双歌”，互相赞美的“赞花歌”，表示别后思念之情的“思双歌”，渴望结亲和向往婚后幸福生活的“同住歌”及“真日歌”、“分离歌”等。双方经过多次约会相见，以歌传情，互相了解后，这一对歌友便成为情人。

仫佬族之所以将此节称为“走坡节”，是因为在附近的山坡绿荫随处可见三五成群的年轻人对歌传情；又因是青年人寻找终身伴侣的日子，所以又叫“后生节”。在小溪边、石头旁、绿荫下，青年男女优美动人的歌声，响彻高山幽谷。仫佬族人走坡唱歌传情，都很讲究礼貌，互相尊重，以诚相待，显示了仫佬族人民淳朴善良的精神风貌。如今的走坡，不仅保持着唱歌的传统，而且增加了文娱、体育表演和经贸活动方面的内容，充满了现代文明的气息。

高山族的“丰年祭”与“系列鱼祭”

台湾高山族同胞在每年的农历八月，也就是高山族地区稻谷成熟的季节，迎来高山族一年之中最隆重的节日——“丰年祭”。高山族同胞把这个节日叫做“莫拉努——马拉期塔”，意思是通过祭祀祖灵，祈求来年丰收、人畜兴旺，因此称“丰年祭”。该节相当于汉族的春节。

节期通常为6～10天，若遇大丰收之年，节会活动则延长。由于各支系居住的环境与种植的作物不尽相同，所以农作物的成熟期、收获期及由此而决定的节期也不尽相同。

活动以“社”为单位，节前的头两天，社头向各户宣告准备活动，妇女备办食品。除夕的夜晚，妇女们要在广场上跳舞，男子过去上山打猎后要留在山上过夜；现在打猎后可以回来，但也在牛棚的阁楼上过夜。

节日第一天，人们要放下现代火柴、打火机不用，各户都用古老的方式钻木取火，点燃“兰芭子”草，任其自燃自灭一次。半小时后，再一次钻木取火，再燃起后煮糯米饭，蒸糕做菜。妇女们把饭盛在祭篮里，按时间将供品用祭篮提到集中地点摆好，由五个女巫主持祭祀祖灵，唱颂祖祭祀词，然后妇女集体在祖灵前跳“杵乐舞”，男子则携带弓箭、刀枪等猎具举行打猎祭祀仪式，祈求新的一年多获猎物。

“杵乐”是流行于台湾省高山族民间的一种独具风格的音乐。“杵”，是妇女舂米时用的长形木棒。“杵乐”即用各种不同音高的木棒在石板上撞击而奏出的乐曲。演奏时，由妇女数人或数十人环绕在石臼旁，手执长杵，一上一下地捣击，发出高低不同，清脆悦耳的铿锵音响。内容表现收割、打谷、舂米等劳动程序和获得丰收时的欢乐心情。演奏时没有弦乐和打击乐，仅以长杵的敲击声作伴奏，也没有更多的舞蹈姿态和队形变化，主要以其独特的节奏，多变的打法和强烈的音响效果来体现欢乐的情绪，并常常伴以优美动听的杵歌。表演时载歌载舞，情景十分动人。

高山族群舞

节日第二天，妇女们集中祭祖，男子则携带猎具往西边方向的山上去打猎，猎手们要勇敢地追杀猎物，然后抬着猎物到主管历法的人家，再举行一次箭射兽头的活动。祭祀完毕，才由部落首领将兽肉平均分给每一户。节日期间妇女们禁忌触及弓箭，否则将受到惩罚。

节日第三天晚上要举行节日篝火舞会“司马拉”。夜里，广场燃起熊熊篝火，全社成员都集聚到篝火旁，小伙子穿短衣，围鹿皮短裙，头上装饰五彩缤纷的鸟羽，威武英俊；姑娘们盛装打扮，额上有各种草叶和鲜花精制的头饰，项间佩带用贝壳精心磨制的贝珠串，青年男女围坐在篝火旁，互诉爱情。大家用佳肴美酒来共庆丰收。全体成员围绕篝火翩翩起舞，放声高歌，主要唱“聚饮歌”。

期间的八月十五日则要举行“背篓会”，这是高山族青年男女择偶的传统盛会。月亮升起后举行，日出前结束。届时，情窦初开的麻达（少男）和昵新（少女）在长吉达安（年老女主持人）的组织下群集槟榔林，颂完祝辞，麻达开始采摘象征长青、爱情和预示生活幸福的槟榔，按规定摘30个装入绣花挂包，下树后便自由选择意中人。昵新身背轻巧雅致的竹篓在前奔跑，麻达紧追，不断取槟榔投向竹篓。投中者，昵新若中意，则止步且带着歉意抖出槟榔，并赠以荷包，双双来到长吉达安面前接受敬酒祝福，尔后至槟榔林里谈情说爱。未找到意中人者，也会受到长吉达安的安慰和鼓励。现在，“背篓会”除上述内容外，还要举行其他娱乐活动。

在节日最后一天，全社男人要集中到日月潭去捕一次鱼，拿回来后，平均分给每一户，象征着收获有鱼（余）。至此丰年祭的活动宣布结束。

“飞鱼祭”是高山族雅美人的传统节日，由几个相对独立的祭祀仪式来完成。每年农历的三月至六月、七月间举行，祭祀活动大多在黎明前进行。

捕捞飞鱼是雅美人的主要工作，分为两期，各有二个月时间，上期渔捞为团体工作，用火渔猎，划着可乘6～10人的大船在夜晚进行；下期渔捞为个人渔猎，多划着可乘二人或一人的渔船，用鱼钩及鱼饵，在白天进行。传说很久以前，一条黑色飞鱼王托梦给雅美人的祖先，告知飞鱼汛期，要求人们按神的旨意捕捞并祭祀飞鱼。由于飞鱼王的梦兆，结果雅美人年年渔业丰收，后来便确定日子祭祀。雅美人视飞鱼为神圣之物，所以有许多捕获禁忌。祭仪众多，其中“招鱼祭”和“初渔祭”为“飞鱼祭”的主要祭祀。

“招鱼祭”在每年三月初二上午举行。妇女穿着礼服在岸上助威，男人们戴头盔佩长刀，站在木舟上宰鸡奉血，祈求保佑平安。出海捕鱼的人在一起，吃当地特产的芋头和鱼，并求神灵保佑丰收。然后在一位持一根长木棒渔网，另一位持一把木桨的两个主祭人的带领下，来到船边。每人都抓一把沙子投入自己的木船，口中默念“今年捉的鱼如沙子一样多”丢进船中，再将海水洒进大船，面对大船说：“出海时，请带我们到飞鱼最多的地方去。”然后大家回家。各人回家后，还要抚摸专晒飞鱼的竹竿，并在心中默默地说：“今年要捕很多飞鱼晒在这竹竿上。”随后，众人又重返海滩，拾起小石块丢到自己的渔船中，由主祭人捡回五块较大的石块带回家，放在晒飞鱼的竹竿旁，并准备其他事项。

从三月三日晚开始，进行夜间捕鱼，这一晚上要过“初渔祭”。由第一条引领入海之船的船长作祭司，在船头宰一头猪，让血流进海中。又在船头放一个盛满水的瓮，放入一把船桨，并用小瓢盛粟与清水洒入大海，以祭飞鱼之灵。祭毕开始夜间捕鱼，以这一条船第一次出海的收获多少来卜算今年渔业是否丰收，这是每年一次全社男人的集体出海捕鱼的必有仪式，从此开始，所有渔船每夜出海捕鱼。出海不久，船员各自取鸡毛一支，在胸前挥拂，并唱祝词。首次获鱼时，船长用小竹管作象征性涂血，唱祝词，祈求为飞鱼等涂血，希望鱼群多来。唱毕，将鱼放在船尾放鱼槽内。初渔回来，将鱼运到公廨，然后把鱼移到洗鱼槽中，船长从中提取一尾，用小竹管行象征性涂血，再唱同样的祝词。洗鱼、剖鱼毕，即在公廨炉上，用陶釜烹鱼。在鱼入陶釜前，也用小竹管向其中一尾进行象征性涂血。吃鱼时，成员各用陶缸或木盘分取鱼和汤，每人一份，吃时也唱祝词，希望捕鱼永远丰收。经“初渔祭”后大家白天集中休息，夜晚出海捕鱼，连续一个月后，给每人分配已捕得的飞鱼，然后分散回家。

高山族阿美人也有“捕鱼祭”的节日，每年农历五月择日举行，此时早稻已收割完毕进入捕鱼季节。当地传说：古时有个叫阿布都尤勒的神，为了让阿美人渔猎丰收，要他们在每年早稻收割后举行一次祭鱼活动，此后就有了这一节日。祭祀前，各村落已成年的少年要集合到溪沟旁搭一个茅屋，节日这天，青少年和长老们先后来到茅屋旁举行简单的祭祀仪式，然后下海捕鱼，并将所捕的鱼就地煮食。他们的煮鱼方法非常奇特，先将鱼开膛洗净，然后放在一个槟榔皮内再加上水，将烧红的石子放入，水便沸腾起来，放几次烧红的石子后，鱼便煮熟了，鱼煮熟后要按长幼辈分顺序分而食之。吃完后，返回村落再举行一次祭祀仪式，以求神灵保佑渔业丰收。

参考书目

1. 马学良主编．中国少数民族民俗大辞典．内蒙古人民出版社，1995.

2. 李玉臻主编．中华民俗节日风情大观．黑龙江人民出版社，2006.

3. 徐万邦著．少数民族节日与风情．中央民族大学出版社，1996.

4. 贵州省文化厅群文处、贵州群众文化学会编．贵州少数民族节日大观．贵州民族出版社，1991.

5. 陈有生、丘桓兴著．苗岭布依的民俗与旅游．旅游教育出版社，1999.

6. 苏韶芬著．八桂边寨的民俗与旅游．旅游教育出版社，1999.

7. 丘桓兴、徐欧光著．孔雀之乡的民俗与旅游．旅游教育出版社，1999.

8. 李竹青著．中国少数民族节日与传说．北京旅游出版社，1985.

图片来源：

1. 云南民间艺术文化馆云南民族民间艺术（下）．云南人民出版社，1994.

2. 兰佩瑾．中国少数民族．外文出版社，2003.

3. 范玉梅编著．中国的民间节日．人民出版社，1986.

图书在版编目（CIP）数据

少数民族节日/季诚迁编著．—北京：中国社会出版社，2006.9

（中国民俗文化丛书/刘魁立，张旭主编）

ISBN 978－7－5087－1422－6

Ⅰ．少… Ⅱ．季… Ⅲ．少数民族—民族节日—简介—中国 Ⅳ．K892.1

中国版本图书馆 CIP 数据核字（2006）第 108498 号

丛 书 名： 中国民俗文化丛书
丛书主编： 刘魁立 张 旭
全案策划： 李春园
书　　名： 少数民族节日
编　　著： 季诚迁
责任编辑： 邢幼弢
出版发行： 中国社会出版社 邮政编码：100032
通联方法： 北京市西城区二龙路甲 33 号新龙大厦
电　话：（010）66080300　（010）66083600
（010）66085300　（010）66063678
邮购部：（010）66060275　电传：（010）66051713
编辑室：（010）66060097
网　　址： www.shcbs.com.cn
经　　销： 各地新华书店
印刷装订： 中国电影出版社印刷厂
开　　本： 155mm×225mm 16 开
印　　张： 11
字　　数： 100 千字
版　　次： 2011 年 4 月第 3 版
印　　次： 2014 年 9 月第 8 次印刷
定　　价： 18.50 元